検証・新ボランティア元年

被災地のリアルとボランティアの功罪

笠虎 崇
Taka KASAKO

共栄書房

検証・新ボランティア元年——被災地のリアルとボランティアの功罪◆目次

第3章 ボランティア迷惑論のウソ

第6章　始まった自立支援のかたち

はじめに――絆《きずな》ではなく歪《ひずみ》が見えた大震災

「絆という言葉に酔っているのは被災地以外の人だけだ」――ある被災者の言葉だ。

2011年3月11日に起きた東日本大震災後、復旧・復興に焦点をあてた大手メディアの報道は、「絆」という言葉で端的に表されるように、未曾有の災害も人々の協力で乗り越えたという美談に仕立て上げようとしている傾向が強い。それに伴い、多くの人々も現実のこととは思えない複合災害から目をそらしたいという心理が働いているのか、「絆」という言葉で今回の震災を片づけようとしているように見える。

しかし私がこの1年、被災地を取材して見えてきたのは、「絆」というより「歪《ひずみ》」だった。今までなんとなく問題を誤魔化して生きてきたことが、この震災によってあらわになってしまった。過疎化の問題、原発の問題、家族間の問題、世代間の問題、都市と地方の問題、働き方の問題……。

一口に被災者といってもその被害は十人十色。このため被災者間で温度差があり、復旧・復興に一丸となって進めない対立が、むしろ激化しているとすらいえる。被災者同士でこれだけの温度差があるのだから、被災者と被災者でない人との温度差はなおさらである。被災者とボランティアとの温度差による支援のミスマッチも多く見受けられた。

宮城に取材に行った時、ある被災者はこんな話をしてくれた。

「震災があって一番怖いと思ったのは人です。しかも身内やご近所が一番怖い。大災害が起きて助け合わなければならないのに、震災が起きて、本音の人間関係があらわになってしまった。助けを求めても応じてくれない親戚。食料不足で困っているのに、高値で売りつけようとする近所のお店。もちろんそんな人ばかりじゃない。ほとんどの人は助け合いができた。でも頼りになると思った人が頼りにならなかったり、そんなことが結構あった。震災でふだん見えなかった、人間の嫌な部分をとことん見てしまいました」

こうしたネガティブな現実は〝視聴率が取れない〟〝読者の受けがよくない〟という理由から大手メディアでは覆い隠されてしまう。なんでもかんでも復興美談、絆美談に仕上げてしまう。もちろんそういういい面がたくさんあったことも事実だ。でもそこからこぼれ落ちていく、多くの歪んだ出来事が被災地にはいっぱいあった。絆というムードに支配され、不満が言いづらくなり、余計にストレスをためる被災者も多くいた。

福島に住むある人は、「東北人は我慢強いわけじゃない。声の上げ方を知らないだけだ。陰では不満や不平はいっぱい言っている」と話してくれた。

だからこそ私のようなボランティアでも大手メディアでもない個人ジャーナリストに、震災によって増幅された歪みを訴えたいという人が話をしてくれたりメールを送ってきてくれたりした。不満はあるけど、誰にも言えない。震災で歪みがひどくなったというのに、日本人は素晴らしいとか東北人は我慢強いとか、助け合ってえらいとかいう言葉で片づけられてしまう。

そこにちょうどいいはけ口が私のような立場だったのだ。このため私には多くの被災地の歪みの叫びが集まった。被災地以外の人からも絆美談ではなく歪み表出の話が多く舞い込んできた。

3・11後に日本で起きたことは「絆」なんかじゃない。「歪」の1年だ。絆という言葉で歪みに目をつぶってしまうのではなく、この機会に徹底的に社会の膿を出し、それを一つひとつ解決していくことが大事なのではないか。そのためには震災によって日本で起きた「歪」から目をそらしてはならない。それが本書を出版した目的だ。

本書は、震災以降たびたび被災地入りし、そこで見聞きしてきたことを書き続けてきた私のブログを再編したもので、書籍化にあたって各記事に再度手を入れてまとめた。ただし臨場感を損なわないよう、その記事を書いた時点での記録性は尊重した。それゆえ刻々と状況が変化する被災地においては、記事の内容と現状が異なる事態もあるかと思うが、問題の本質については今もって解決への取り組みが必要なものを中心に収録したつもりだ。

ここに書かれていることの多くは、大手メディアからこぼれ落ちた被災者の叫びや被災地で起きたことである。こうした一面を知ってはじめて、日本の復興を考えるべきではないか。

災害大国・日本が再び同じ過ちを繰り返さないためにも、風化が激しい震災の記憶をここに記録しておきたい。

2012年2月20日

笠虎　崇

第1章　被災者のリアル

1　同情するなら仕事くれ

「無償の善意（ボランティア）に支配されて、私たち（被災者）の出る幕がありません。復興作業ならボランティアではなく、時給600円でもいいから地元の失業者を使ってほしい。今、望んでいること。それは、仕事がほしい。ただそれだけです。自分で稼ぐことは、社会参加と自立への第一歩なんです。このままでは東北は復興しても、人は復興できないかもしれない……」

震災で津波被害はまぬがれたが、震災のせいで仕事を失った宮城県在住の50代の女性から、2011年8月にメールがきた。ボランティアに感謝しつつも、結果としてそれが被災者の自立支援を奪っているのではないかという、自身の困窮した立場からくる強烈なメッセージだった。以下、メール本文を引用する。

「私は3・11の震災で津波被害はまぬがれましたが、収入を失いました。当時はただただ呆然と過ごしており、これからの身の振り方など考える余裕もありませんでした。津波で悲惨な目にあった沿岸部の人たちを思うと、いてもたってもいられなくなり自腹をきっても物資や労力を提供していました。

しかしそれも限界がありました。収入がないまま5ヵ月が過ぎてしまいましたから。そのうち被災者にもなにかしら〝仕事〟としての復興支援がまわってくるだろうと期待していました。でも、相変わらず、無償ボランティアの募集しかありません。被災者を積極的に雇用する企業が出始めましたが、男性限定のがれき撤去や仮設建設要員です。おばさんと年寄りは必要とされていません。

復興に一番参加したいのは地元の人間です。せめてガソリン代と昼食代くらい確保できないものかと企業の助成金申請を試みましたが、すべて却下されました。助成金対象となるのは、実績のある有名な団体のようで、個人レベルは対象外なのでしょう。5ヵ月もたつのに、いまだに他県からボランティアツアーなるもので無償奉仕の若者がなだれこんできます。ツアー参加費は旅行会社に入り、善意の若者は自腹で何かを学んで帰り、地元の失業者には仕事がまわらない。うまく言えないのですが、〝なにかがおかしい〟という思いが日に日に増してくるのです。これは、少なくとも私のまわりでは4月頃からささやかれていました。〝おれたちを使ってくれたらいちばんいいのに!〟と。

でも、善意のかたまりのような人たちが無償で汗を流して助けてくれるのを目の前になにも言えません。この人たちの、心底純粋な人助けには感謝しています。しかし有名なボラ組織の上層部に私たちの本音は見えていないでしょう。〝東北人の底力〟〝着実に復興に向かって〟〝ひとつになろう〟などと美しい言葉に私たちは酔えないのです。

仕事がほしい、それだけです。田畑のゴミ拾いならおばさんや年寄りにもできます。自給600円でもやるでしょう。その日の食費だけでもいいのです。自分で稼ぐことは、社会参加と自立への第一歩なんです。

そんなことをずっと思いながら自宅にこもってネットサーフィンすることしかできない毎日。そしてかさこさんのブログにたどり着いた次第です。震災の記事はすべてに頷きながら拝見いたしました。いろいろとありがとうございます。〝マンパワーが足りない、もっとボランティアを！〟とまだ騒いでるんですが、人手が足りないわけがありません。こっちは失業者だらけなんですから。

ただ、無償の善意に支配されて、私たちの出る幕がないだけなんです。それをなぜだれも気付かないのでしょうか。物質的なものと労力支援の次は、被災者の自立への援助なのではないでしょうか。

行政はあてになりません。マスコミでは報道規制がかけられているようですが、震災後生き延びた人が行方不明になっていたり自死した方もたくさんいるようです。希望の光が見えず絶望したからです。

５ヵ月過ぎて、なんとか持ちこたえた人たちも、これから先の見通しがたたないままどうなっていくんでしょう。私もそのひとりではありますが。住むとこは無事だったけど、収入が途絶えた、義捐金対象外、性別年齢制限で仕事が見つからない、という中途半端な立ち位置にいる人たちはものすごく多いはずです。このままでは東北は復興しても、人は復興できないかもしれない」

被災地、被災者の心の闇の深さはあまりにも深刻だ。津波被害にあったわけではないという

〝負い目〟と、ボランティアという圧倒的〝正義〟＝善意の前に、震災後、誰にも言えないモヤモヤした気持ちを抱えたまま5ヵ月が過ぎ、仕事と収入は失ったままの心の叫び。

「作業があるなら被災者自身にやらせてほしい」という思いも、無償ボランティアの善意の前に消え失せる。しかしわざわざ被災地のために、時間とお金と労力をかけて来てくれるボランティアの人たちを批判なんてできないという葛藤。でも結果として一部のボランティアの存在が、被災者の自立支援の〝障害〟になっているという現実。

「同情するなら仕事くれ」――。今、被災地・被災者に最も必要なのは、自ら働いてお金を稼げる仕事。仕事さえあれば、絶望的な被害状況でも少しは未来に希望が持てるのではないか。

震災直後の混乱した時期で、圧倒的に人手も物資も足りない時期なら、被災地外から大挙してボランティアが押し寄せ、何でもいいから無償で手伝うのは素晴らしいことだし、被災地、被災者のためになる。でももう震災から5ヵ月が過ぎ、ほとんどの地域では避難所が閉鎖され、すでに被災者は仮設住宅や借上住宅に移っている。その状況で、被災地のゴミ拾いやガレキ片付けのために東北まで交通費をかけてボランティアが来るなら、そのお金で被災者を雇えるのではないか。

被災者が今、望んでいることをボランティアがしているのか？　支援するならまず被災者の声に耳を傾けてからではないか？　ボランティアの存在がかえって被災地の自立支援を阻害していないか？　ボランティアという名の善意の押し売りによる、単なる自己満足になっていないだろうか？

ボランティアに来ている人たちは素晴らしい人ばかりだと私は思う。多くの人が「ボランティアに行きたい」と思っても、現実に行動する勇気もなく、ただ家で寝転がっている人が多い中、仕事もしていて時間の制約もあり、お金に余裕があるわけではないのに、「これだけの大災害があったのだから、自分たちにできることがあるなら、休日を潰してでも被災地に行かなきゃ」というその行動力はなかなかできるものではない。

しかし、ボランティアがしていることが被災地の役に立っていないという紹介したメールのように、無償ボランティアの存在がかえって被災者の自立支援の阻害要因になっているのでは、手段と目的が混同してしまっている。目的は何なのか？　自分たちが人助けをしているという自己満足ではないはずだ。

被災地取材して思うのは、被災者はボランティアに対してなかなか本音を言わないということだ。なぜなら「役に立っているかどうかは別として、わざわざ遠くからきてこんなにも働いてくれている」という遠慮があるからだ。だから言えない。そのため余計にストレスがたまる。

そこを履き違えて、震災から5ヵ月が過ぎた今も、被災地の〝目に見える〟支援ばかりしていると、すぐそばにいる被災者の心の闇を見逃しかねなくなる。今、被災者、被災地に必要な支援とは何なのか、ボランティアはきちんと考えなければならない。

例えば被災地まで5000円のバス代をかけて県外ボランティアが来て清掃活動するより、東京にいて被災地原産の酒5000円分飲んだ方が、はるかに被災者、被災地のためになる可能性もある。

メールをくれた方とその後もメールでやりとりしている時に、印象的だったのがこの言葉だ。「私たちは、味方を欲しているのではなく、理解者を必要としています」――。「味方のふり」をしたボランティアではなく、被災者・被災地の心の声に耳を傾けることから始めたい。

避難所から仮設住宅などに被災者が移りつつある今、阪神・淡路大震災後に問題となった孤独死が今回も再び起きそうな気配があり、今後もボランティアの果す役割は重要だ。だからこそせっかく行くなら、被災者・被災地に役立つことをしたい。

2　ボランティアの涙に被災者が憤る

「おめえらボランティアは涙流して聞いてたけどな、おれははっきりいって、はらわた煮えくり返ってんだよ！」

福島県いわき市の平工業高校避難所閉鎖の最後の夜となった2011年6月18日。この避難所にかかわったボランティアの方や自治体の方など約30人が、避難所となっている合宿所1階に集まり、お酒を飲みながら避難所終了のお祝いを行っていた。そこには最後まで避難所に残った被災された方2人と、すでに借上住宅に移った津波被害で家に住めなくなった60歳で単身の漁師さんもいた。

ボランティアほか出席者一人ひとりが自己紹介した。その中でうるっと涙を流しそうになるほど感動的なスピーチをしたのが、いわき市のある職員さんだった。

いわき市職員の震災対応のひどさは、被災者からもボランティアからも何度となく聞いた。悪評高い原因となったのが避難所の担当を輪番制にしていたことだ。今日はAさんが来ます。明日はBさんが来ます。明後日はCさんが来ます。毎日職員が代わるから、避難所に来た市の職員は、その避難所の状況をよく理解していない。むしろ職員が被災者やボランティアの方に、「食糧はどこにあるんですか?」「トイレはどこですか?」と聞く始末。ある被災者は、「私らの方が避難所のことわかっていて、日替わりの市職員にわざわざこっちが教えなきゃいけないって、どっちが支援してるんだかわからない!」と怒りをぶちまけていた。

しかも皮肉なことにいわき市のこの避難所では、支援に来ていた長崎の県や市の職員たちが、絶大な信頼と高い評価を受けていた。彼らは3名2週間泊まりこみ体制で避難所支援を行っていた。そのため地元の市職員より長崎の職員の方が避難所に詳しく頼りになるという、おかしな状況が現出していた。その後、いわき市のひどい輪番制はやめになり、夜勤は輪番だが日勤はほぼ固定の担当制になった。

スピーチしたのはこの避難所の担当になって、毎日日勤で通っていたいわき市の職員。この人の評価は誰に聞いても非常に高い。なぜならほぼ毎日のようにいてくれて、避難所支援のために心を尽くしてくれたからだ。私も話をしたが実に感じのいい人だった。その職員が感極まって涙ながらに、3人いる被災者に向けて、「本当にご苦労をおかけしてしまい、心からお詫びいたします。この先も何か困ったことがありましたら、何なりといってください」といったような話をした。

避難所となった平工業高校体育館。仮設に移る人が増え、スペースにも余裕が出てきた（2011年5月15日撮影）

この避難所に一番尽くした職員が、市のふがいない対応を素直に認め、涙ながらに謝る様子は心に響くものがあった。別にこの職員が悪いわけではない。にもかかわらず職員の代表として心からお詫びを述べている。聞いているボランティアの多くは、職員のスピーチにもらい泣きしていた。

ところがである。スピーチが終わった後に、被災者の一人である60歳の漁師さんは、「部屋の中ではうるさいから」といって私を外に連れ出し、いきなり怒りをぶちまけたのだった。

「おめえらボランティアは市の職員の話に涙流して聞いてたけどな、おれははっきりいって、はらわた煮えくり返ってんだよ！　避難所に来た時、1日目は26人でおにぎり1個。2日目は26人でおにぎり4個。そんな対応しかできなかった市に対して、今さら謝られて感動するか？　おめえさん、記事も書くんだって。なぜおいらに昼間話を聞いていた時、その話、質問しなかった？　市に対して怒りしかない。謝られて涙流す話じゃないべ？

福島県いわき市薄磯地区。津波により町の8～9割が壊滅（2011年5月14日撮影）

あんたらに被災者のこの気持ちがわかるか？」

その時、私は思った。こんなにもボランティアと被災者の気持ちには開きがあるのだと。ボランティアに来ていた人だって、避難所に泊まりこんで支援していた人もいる。市の対応が悪いことはよく知っている。でもだからといって対応がよかった市の職員に対して怒りなどない。感謝の気持ちはあってもその人を批判するなんて思いもしない。

しかしこころよく思っていない被災者もいる。もちろんいろんな考え方があり、いろんな言い分があり、いろんな想いがある。市だって混乱していただろうし、市の職員だって被災はしていただろう。でもやっぱり、災害があった時に、地元の職員よりも長崎県の人の方が頼りになるとか、東京から来たボランティアの人の方が頼りになるなど、なぜそんなことになるんだと私だってはじめ避難所に来た時に不思議に思ったくらいだから、なおのこと被災者は憤りを持って市の職員をみていたのだろう。

「避難所が終わったから、これで感動のフィナーレだなんて思ってほしくない。おいらは今、一人、寂しく借上住宅のアパートに住んでいるんだ。船は流され、仕事もなく、年金で細々と暮らしているのに、涙なんか出るか」という考え方はもっともだが、市の職員のスピーチを聞いて、そんな風に受け取る人がいるなんて、ボランティアは誰も思わないだろう。私ももちろん思わなかった。

被災者の心の闇は深い。不条理な自然災害にあい、東電や政府や自治体などわかりやすい敵を作ることで自分の精神のバランスをとるのは、心の防御本能であるかもしれない。でもそう思わないとやっていけないほど、今まで築き上げた生活がゼロになってしまう、いやマイナスになってしまうという悲惨な現実に、避難所を出て生活を始めたがゆえによりリアルに感じているのかもしれない。

ボランティアが気をつけなければならないこと。それは被災者の気持ちをわかった風にふるまわないことなのではないか。あくまで我々は外部の人間であって、一部分でしか支援をしていないということを理解した上で、被災者に向き合わなければならないのではないかと思った。

3　家を失った漁師さんの話

2011年5月14日に訪れた福島県いわき市の避難所の1つ、平工業高校体育館は6月いっぱいで閉鎖されるという。仮設住宅や自治体の借上住宅への引越が順調に進んだためだ。平工業高

漁師さんが住んでいたアパートから家具を取り出す（2011年5月15日撮影）

校体育館の避難所には一時260名を超える避難者がいた。主にいわき市の沿岸部で、津波被害により家に住めなくなってしまった人たちが中心だった。しかし宮城や岩手に比べて沿岸部の町がそれほど大きくなく、いわき市中心部は大きな被害もなく町はすでに通常機能を取り戻していることから、順調に避難者の引越が進んだ。結果、5月14日時点で避難所で生活しているのは約80名まで減り、6月11日の時点で10名以下になった。

私が避難所を訪れた5月にも仮設や借上住宅に引越する世帯がいくつかあった。私も取材だけでなく引越の手伝いもすることになった。

海岸部で壊滅的な被害のあった地区に住む、単身の60歳の漁師さん。漁師さんの家は2階建てのアパート。家屋倒壊は免れたものの、1階部分は津波による浸水でめためたになり、もはやこの建物に住めるような状況ではなかった。市内の借上アパートへの入居が決まったので、住んでいたアパートの2階から、被害を免れたタンスなどの家財道具を持っていきたいとのことだった。

漁師さんが住んでいたアパートの他の部屋の1階の様子。津波と地震で家の中はめちゃくちゃに（2011年5月15日撮影）

そこで漁師さんとともに引越を手伝ったのは、避難所の運営支援を行っている東京文京区のボランティアの方、2週間交代で避難所泊りこみで支援を行っている長崎県庁の職員の方、取材で来た横浜在住の記者（私）の3人。

このように被災地では人手が足りず、地元の自治体などあてにならず、県外から来た様々な人が貴重な戦力となる。災害がなければ出会うはずのない4人がこうして被災地で引越を手伝っているというなんとも不思議な時間だった。

廃墟と化した町に残るアパートに行き、今にも崩れ落ちそうな階段を登って、2階の窓から1階へタンスなどを降ろし、トラックに積み込み、借上住宅へと運んでいった。

引越の合間、漁師さんは私に3月11日のことを話してくれた。

「地震が来た後、海が心配ですぐに海岸行ったさ。でもすごく穏やかで津波は大丈夫かなと思って、家で一服しようと休んでいた。だがのう、しばらくすると海の方にものすごい波が見えた。津波警報も普段ののんびりした感じじゃなく、『津波だ！　逃げろ！』ってな感じで尋常じゃなかった。パジャマとサンダル姿で家をあわてて飛び出した。地震と津波の怖さですくんでいた子供たちがいたので『高台の神社へ逃げろ！』と誘導した。サンダルではまずいと思って、一度家に戻ろうかと思った。でもものすごい津波が押し寄せてくるのをみて、わしもそのまま高台に駆け上がった。もし家に一度戻っていたら命はなかったかもしれない」

その後、寒さに震えながら、町の高台の神社で地元の人たち数十人と過ごした。夜になってから、警察と消防の助けが来て、海岸沿いから少し離れたゴルフ場の施設に避難することになったという。そこで2日過ごした後、高校の体育館の避難所へと移って2ヵ月が過ぎ、やっと住宅への入居が決まったのだ。

不便な避難所生活から脱し、仮設住宅や借上住宅に移れば、それはそれで一安心と見えるかもしれないが、問題は山積みだ。働いている港での仕事がいつできるようになるのかわからない。緊急避難的に借上住宅に移れたものの、ここで一生無料で暮らせるわけではなく、いつかここを出ていき、家を探して自分で家賃を払わなければならない。家財道具や生活用品もほとんどなく、それも取り揃えなくてはならない。避難所にいた時はいろんな人が支援に来たりもするし、津波被害にあった被災者と情報交換ができたが、市内にぽつんと一人でアパートに移ってしまったら、自ら積極的にアクションを起さない限り、支援や情報は入ってこない。避難所生活からの脱出は決してバラ色ではなく、むしろ現実の生活の大変さを思い知る場となりかねない。

漁師さんは新しい住まいへの引越が住んで、ほっと一安心していたものの、「仕事もねえし、しばらくやることもねえし、目の前にあるパチンコ屋でちょっと稼ぐか（笑）」なんて言う。笑うに笑えない話だった。仕事もなく時間を持て余せば、目の前にあるパチンコ屋にいりびたってしまう可能性は低くはない。そうやって二重三重の被害によって、より事態は深刻化していく。

避難所の運営支援を行っている東京文京区のNPO法人響きの森ネットでは、避難所生活後の被災者アフターフォローがより重要であると考え、避難所を出ていく際に被災者に移転先の連絡先を聞き、避難所閉鎖後も東京から電話連絡するなどして、被災者支援を行っていこうとしている。

震災から3ヵ月。まだまだ道のりは長い。避難所生活が終わったとしてもだ。まだまだいろんな支援の形が必要とされている。

4　仕事を失い、酒と電話に依存

避難所生活が終わり、仮住まいに移れば、まるでそれがゴールのように見えるかもしれない。しかし避難所後の生活の方がむしろ避難所よりもつらいことが多い。なぜなら仕事を失い、毎日やることがなく、集団生活が終わって一人になってしまうから――。避難所から仮の住まいに移った被災者の方々から話を聞いたが、心の明暗をわけているのは仕事の有無ではないかと感じた。仕事がある被災者は家を失っても心なしか明るい。仕事があれば目の前にやらねばならないことがあり、時間は瞬く間に過ぎ去っていくし、社会とつながっているから孤立感はない。何より安定的な収入が見込めるため、家計が苦しいとはいえ、再建の希望はある。

ところが被災したことで仕事を失ってしまい、しかも再開のめどが立たない人はつらそうだった。地震被害なら耐震補強して再建すれば済む話だが、甚大な津波被害のため、今までのように海沿いに復旧すればいいという話では済まない。高台移転構想の話が出ていても、何年先になるかわからない状態。いつになったら仕事ができるのか、まったくめどがたたない苦悩は相当なものに違いない。

都市部なら転職先はいくらでもあるだろうが、地方の集落だとそうはいかない。避難所にいれば支援もあり、被災者みんなと一緒にいるので安心感があったのだろうが、仮住まいになると収入の見通しがつかない現実を切実に考えさせられ、孤立感、無力感を深めている被災者もいた。

仕事がないのは単にお金がないという問題だけではない。福島県いわき市で家を津波に流され、仕事を失ったある被災者は、幸い年金があるため、仕事をしなくてもよほどの贅沢をしなければお金に困ることはなさそうだが、仕事がないため時間を持て余しているようだった。今までなら家から出れば同じ集落にいる地元の人たちと触れ合えるが、今は集落の人とはバラバラになってしまった。車もないのでタクシーを使わなければ隣近所だった人と会いにいけない。

そこでこの被災者は昼間から毎日のように酒を飲み、テレビやビデオを見て過ごしているが、それでも退屈だし何より寂しいから、ボランティアの人たちに電話をかけまくっていた。私のところに1日何度も電話がかかってきて、電話をとってしまうとゆうに1時間ぐらいは話をする。他のボランティアのところにも、同じ日にこの方と電話で話をしたといい、やはり1時間ぐらい話したという。同じくまた別のボランティアのところにも、1時間以上話をしていた。

仕事がないためやることがなく、みんながいる避難所から一人になってしまったので、相手にしてくれるボランティア頼みで電話魔になってしまった。「みんなと電話で話せるようによう、携帯電話だと話しにくいから、固定電話を入れたから」とこの被災者は話していた。

しかしボランティアはふだん仕事をしているし、自分の生活もあるから、さすがに毎回は電話に付き合いきれない。ある女性ボランティアは、「さすがに毎日何度も何度もかかってくると、自分が何もできなくなってしまうので、最近は毎回出ないようにしている」と嘆いていた。

そして寂しいかな、この被災者は仮住まいに移ったアパートのドアをいつも開けっぱなしにしている。「いつでもいろんな人が遊びにこれるようによう」と。

遠方のボランティアが孤独死を防ぐために、この被災者の相手をすることは一時しのぎになるかもしれないが、抜本的解決にはならない。むしろ電話依存から抜け出せなくなってしまう。

仕事があれば電話をすることも昼間から酒を飲むこともやめるだろう。ボランティア漬けで孤独死を防ぐのではなく、再び被災者が元気になるには、何よりも仕事が必要だということを痛感させられた。

5　避難所で大量のパンを捨て、首都圏でパン売切れという皮肉

「避難所生活で一番、つらかったことは何ですか?」という質問に対し、福島県いわき市の避難

福島いわき市の避難所で支給されたパン（2011年3月30日、被災者の一人「トイレの神様」さん撮影）

所にいた多くの人がこう答えた。

「3月中旬頃、毎日のように食べきれないほどの大量の菓子パンばかりが送られてきて、ほとほと困りました……」

皮肉な話だが3月中旬頃といえば、首都圏で一斉にパンが品不足になった時。首都圏ではパンがなくて困っていたのに、避難所では大量にパンが余っていて廃棄していたという矛盾。一体この社会はどうなっているのだろうと不思議に思ってしまう。

いわき市の避難所でパンが大量に余ったのは、支援物資が集まりすぎて余ってしまったというわけではない。市が食料確保のためにパン会社に複数発注し、必要分以上、多分3～4倍ぐらい多くパンを頼んでしまったらしい。

「食べ物がなくて困っている避難所もあっただろうに、パンが余って捨てるなんて贅沢だ！」と思う人もいるかもしれないが、毎日1人5～6個送られきて、これが1週間続いたらどうだろう。しかもどのパンも消費期限は明日までというものばかり。だから他の地域に送るということもできない。そもそもこの頃、福島は原発爆発による放射能パニックで誰も寄り付かない場所。ガソリンも不足し、余ったパンをどこかに送るという余裕などなかっただろう。

避難所にいた方はもったいないと思って食べきれない分をとっておいても、また次の日にはパ

神奈川横浜のスーパーではパンが品切れに（2011年3月22日撮影）

ンが5～6個送られてくる。「消費期限過ぎても捨てずに食べてましたけど、食べても食べてもいっぱいくるので減らない。もったいなくてとっておいたパンがカビていたこともあって、さすがにまずいと思い、苦渋の思いで捨てました」「よりにもよって甘い菓子パンばかりなんです。食パンとか惣菜パンだったら毎日でも平気ですけど、朝食・昼食とも1週間、菓子パンだけというのはさすがにつらかった」といった声が多く聞かれた。

東日本大震災で露呈した問題、それは避難所同士、被災地同士の横の連携がとれなかったことだろう。いわき市の避難所でパンが大量に余って捨てている反面、首都圏でパンがまったくなかった。ある避難所に特定の物資が集中し、使わなかったり捨てたりしているものを、うまく横の連携をとりあい融通しあえば、無駄に捨てることもなく、首都圏で買占めパニックが起きることもなかったのではないか。パンが大量に余っている避難所にしても、そのパンをどこかにあげる代わりに、違う食べ物がもらえたらどれだけうれしいか。

今後、大きな災害が起きた際に、市や県を超えて避難所同士が連携し、余ったもの・足りないものをうまく調整する仕組みを作れば、みんながハッピーになれるのではないか。余っているものを捨てることなく欲しい人のところに届ける仕組みは、ケータイ、ネットがある今の時代だったら、昔と違って簡単にできるのではと思う。

6 トイレの神様

「えっ、市の職員でも業者さんでもなく、被災者の方なんですか？」

福島県いわき市平工業高校の避難所の仮設トイレを、毎朝5時に黙々と掃除をする男性がいた。Gさん、38歳。彼は避難所に逃げてきた被災者にもかかわらず、自ら率先して汚物あふれる不衛生なトイレの清掃をしていた。他の避難者から、トイレ掃除の業者か市の職員と間違われることも度々あったらしいが、彼も紛れもなく被災者だった。

避難所生活で大きな問題となるのはトイレ。話を聞くと想像を絶する凄まじさだ。震災直後は数百人が避難所に押し寄せ、水道や電気もないなか用を足す。するとどうなるか。汚物があふれ、次第にどんどん外にもはみだしてきてしまう。臭いもひどく不衛生な状態で、最終的にはトイレに入れなくなってしまう。

誰かが掃除をしなければならない。自治体の職員やボランティアの人や業者がしてくれればいいが、被災直後の厳しい状況の中で人手は足りない。お風呂にも入れず、着替えもできず、いい食事もできず、ダンボールで毎日寝ている被災者が自らやらねばならない。

普通ならば当番制にするのだろうが、この避難所では彼がほぼ毎日トイレ掃除を欠かさず行った。なぜ彼は誰もが嫌がるトイレ掃除を率先してしたのだろうか。

「誰もやらないから見るに見かねて始めたんです。どうせ避難所にいてもそんなにすることはないし、体育館でゆっくり眠ることもできず、朝早く目覚めてしまうから、トイレ掃除をしようと」

その他にもこんな理由があった。「自分の家は津波で流されてはおらず無事だったから、家を流された避難者に申し訳ない」という気持ちも大きな動機づけになっているようだ。この避難所にいる人たちの大半は、津波被害で壊滅的な打撃を受けた地区の人たちばかり。家が流されてしまった人、家族を失ってしまった人、家はあるが床上浸水で半壊状態になってしまった人など、甚大な被害を受けた人たちばかりだ。

彼の自宅も津波被害のひどかった地区にある。でも幸いにして海沿いの集落から少し離れた山沿いにあったため、家屋の被害も家族の被害もまったくなかった。ただ、水道、ガス、電気すべてが止まってしまったことや、古い建物なので余震で倒壊するかもしれないこと。もしまた津波があれば、地盤沈下が起きていて海沿いの家もないことから、自宅まで波が到達する可能性もあること。こうした理由から家は無事なのだが、家族ごと避難所に移ってきていたのだ。

自分たちには家がある。車も家財道具も無事。家族も元気。にもかかわらず、避難所にお世話になっている。みんなここにいる人たちはもっとひどい被害を受けたにもかかわらず……。そうした心理から、彼は黙々とトイレ掃除を行っていた。

「板金塗装の仕事をしていたので防塵マスクもあったし、家は汲み取り式トイレだし、うちのばあちゃん、かあちゃん含め、トイレを使わせてもらっていることもあるし、すっかりトイレ掃除が日課になってしまいました（笑）」

彼はトイレ掃除していることを立派なんてまったく思っていない。むしろ家があるのに避難所にいさせてもらっているという、ある種の罪悪感から掃除するのは当たり前といった感じで淡々とこなしている。彼のおかげで、ここの避難所ではトイレ掃除を誰がするかといった問題は起きず、彼は避難所で「トイレの神様」と呼ばれていた。

しかし震災から約1ヵ月後の4月17日。「トイレの神様」はいち早く避難所を出ることになった。ライフラインが復旧し、自宅で生活できるようになったからだ。「トイレ掃除、誰がするんだろうってそれだけが心配で……」とGさん。

トイレの神様が自宅に戻った後、避難所で行われる各班長が集まるミーティングでは、「Gさんがいなくなって誰がトイレ掃除をするのか」が大きな議題になったという。結局みんなでやろうという話になった。さすがにGさんのように毎日やってくれる人など誰もいないから。

被災者の中で被害が少なかった人ほど罪悪感を覚え、被害がひどかった人に尽くすといった話はたびたび聞く。こうした感覚は極めて日本人的。被害をあまり受けていない人が、被害が深刻な人を見て「自分が働かねば」という気持ちが働き、避難所運営を支えてくれるのだ。

いずれにせよ避難所では被災者自ら、様々な仕事をしなくてはならない。お客様のごとき、誰かが何かをしてくれるのを待っているような状況にはない。自治体に文句を言ったところで、人手が足りず手が回らないのは目に見えている。自ら被災し、心配事もあり、精神的にも環境的にも厳しい中で、時には汚物処理のようなことまでしないと避難所は回っていかないのだ。

被災者を取材していると口々にこう言う。「まさか自分がテレビで見たような、体育館で寝る被災者になるとは夢にも思わなかった」と。日本に住んでいる限りどこで地震が起きるとも限らず、すべての人が避難所生活を経験する可能性がある。もしかしたら大量の汚物にまみれたトイレ掃除を、避難所ですることになるかもしれない。Gさんのようなトイレの神様がいない限りは。

7 両親を亡くし家を流されたシングルマザー

「なんか、さみしいね」

厳しい避難所生活3ヵ月を終え、やっと市の借上住宅に移ることができ、母娘水入らずで食事をした時の第一声が、この「さみしいね」という言葉だった——。

甚大な津波被害のあった、福島県いわき市の沿岸部に、両親と娘の4人で暮らしていた、シングルマザーのSさん（39歳）の言葉だ。避難所では震災直後はおにぎり1個を十数人でわけあい、その後は毎食、甘い菓子パンだけしかない生活。はじめの10日間はお風呂にも入れず、着替えもない。そんなつらい避難所生活が終わったにもかかわらず、Sさんも中学生の娘さんも「さみしい」という言葉をもらした。

「テレビでもつけようか?」。3ヵ月間ほとんど見ておらず、必要性を感じなくなったテレビの存在意義にはじめて気づかされた瞬間だった。

一生忘れることのない2011・3・11。あの大地震が起きた時、Sさんは、いわき市内の工業団地内の職場にいた。今までに体験したことのない長く大きな揺れだったが、まさかこの時、自宅が崩壊するほどの大津波が来て、両親と死に別れ、3ヵ月もの避難所生活を送るとは、夢にも思わなかったという。

大きな地震の後、数度の余震があり、尋常ならざる事態と判断した会社は16時過ぎに今日の業務の終了を告げ、社員に帰宅するよう指示を出した。

電話は通じない。娘は? 両親は? 安否が気になるSさんは一路自宅へと急いで車を走らせた。しかし自宅へむかう途中の道で止められたという。

「火事が起きているので近づかない方がいい」

自宅がどうなっているのか、娘や両親は無事か、なんとか確かめるために自宅に行かなければならないと焦った。違う道から家の方へと近づいた。しかしそこで信じられない光景を目の当たりにした。町が破壊つくされたおぞましい景色が広がっていたのだ。「まさか津波のせいだとは思いもしなかった」とSさんはいう。なぜこんなことが? 目の前の廃墟と化した町並みを見て、全身、血の気がひいていくのがわかった。

娘は? 両親は? 自宅は?……。自宅そばまで立ち入れる状況にはない。現実なのか夢なのか定かではない心境だった。とにかく家族の無事を確認したい。きっとどこかに逃げたに違いないと思い、市内の避難所を探し回った。

夜22時過ぎになって、一時避難所となっていたゴルフ場で娘と再会した。娘は無事だった。震災時は学校から家に帰る下校途中だった。あまりの大きな地震にその場で動けなくなったが、近所のおばさんに連れられて避難し、津波被害の難を逃れたという。

しかし両親がいない。娘が無事なのだからきっと両親もどこかで避難したはずと祈るしかなかった。寒さや余震に震えながらほとんど眠ることもできず、3月12日を迎えた。翌日は両親探しに奔走した。近所の人たちに聞きまわっても消息がつかめない。地元の人たちの一部が避難している小学校へ探しにいったが、両親はいなかった。

Sさんが避難していたゴルフ場に帰ってくると、小さな子供のいる世帯やお年寄りから、いわき市内の平工業高校に移ることになった。まさかこの高校の体育館で3ヵ月も暮らすことになるとは思わず……。

平工業高校に移ってからも、両親を探す毎日に明け暮れた。事情が事情だけに勤めていた会社を休むことはできた。各避難所を巡ってみたが両親は見つからない。もしかしたら病院に運ばれているのではないかと探し回ったが見つからなかった。

あちこち探し回ること1週間。どこかで生きていてほしいという気持ちと、もうだめかもしれないという想いが交錯する。お風呂も入れず、食事もままならず、体育館暮らしの集団生活の中、見つかるかどうかもわからない両親を探すのは、心身ともに極限状態だった。両親が死んでしまったと認める行動のようでいやだったが、遺体安置所も回ってみることにした。

震災から1週間後。避難所に電話が入り、父親らしき遺体が自宅付近の瓦礫の中から見つかった連絡が入った。遺体を見ると床屋の仕事着を着ていたから父親に間違いなかった。傷も少なくきれいな顔をしていた。やっぱり死んでしまったのかという悲しい気持ちと同時に、遺体が見つかってよかったという、ほっとした気持ちが入り乱れる。父親が遺体で見つかったことで、一緒にいたはずの母親も死んでいる可能性はかなり高いかもしれないと覚悟した。

父が見つかれば母もそのそばにいただろうから、きっとすぐに見つかるはずだと思ったが、なかなか見つからなかった。避難所に「町で遺体が見つかった」と連絡が入る度に確認していた。震災から2週間後。「男の人らしき遺体が発見されたが、どなたか身元を確認してほしい」との連絡が入り、現地に赴いた。するとその遺体は母親だった。瓦礫、瓦礫、車の瓦礫、母、瓦礫、車の瓦礫、瓦礫、みたいな状態の中から発見されたという。

やっと両親が見つかった。でも未だに現実感がない。死を受け止められない気持ちもあるが、両親が見つかったことにほっとした想いもあった。最悪の場合、遺体すら見つからないケースだってあるのだから。そう自分を慰めるしかなかった。

家は2階部分だけが残り、その2階部分は自宅があった場所から50mも先に流されていたという。2階のタンスの引き出しの中にも水が入っており、畳も盛り上がっていた。2階まで津波が来たのだろう。

「きっと両親は津波なんか来ないと思って、逃げなかったんだと思います。それにうちは、海に一番近い通りにあったわけではなかったですから油断があったのかもしれません」

幸いにして父と母の写真が写っているアルバムは自衛隊のおかげでいくつか見つかった。父は70歳、母は66歳だった。

「娘と2人で旅行する機会が多かったので、今度は両親も連れて旅行に行こうなんて、そんな話も出ていたのに、叶わぬ夢になってしまいました。もっと早くに連れていってあげればよかった……」

両親を探し回るつらい2週間が終わった。Sさんは地震当時、自宅にいなかったことから自分も、そして車も助かった。避難所生活でも車を失わずに済み、足があったので、両親の消息を探しに行くことができた。ただ震災直後からガソリン不足に悩まされた。しばらくしてガソリンの支援があったのが何よりありがたかったという。

はじめの1週間、両親が見つからないなか、苦しめられたのは菓子パン地獄だ。このような状況で、食べ物があったのはありがたいことだが、1週間、朝食も昼食もアンパンなど甘い菓子パンしかなかったという。

「パンでも食パンとかなら1週間続いても平気だったと思いますが、毎日甘い菓子パンばかりはかなりしんどかった……」

甘い菓子パンが毎日続きしんどかったという話は、ここにいた避難所の誰に聞いても真っ先に出てくる話だった。いわき市が食糧確保のために、複数の担当者がとりあえず菓子パンを、大量に発注したことが原因だったらしい。被災者の方々はもちろんよくわかっている。他の地域の避難所ではろくに食べ物すらない、厳しい状況のところもあっただろうし、食糧があるだけありがたいと思わなければならないと。でも今まで何不自由なく毎食好きなものを食べていた生活から、突然、体育館での集団生活になり、毎日夕食以外は菓子パンだけを食べるのは、それはそれで苦しかったに違いない。たまにおにぎりが出ると大変なご馳走に思えたという。

1週間が経ち、次第に炊き出しをしてくれる支援も増えた。

「震災から1週間が過ぎて、はじめてあたたかい汁物が出た時ほどうれしかったことはない」

震災からはじめてお風呂に入れたのは10日後だった。服もろくに着替えられなかった。親戚の人が服をくれてありがたかったという。「洋服や化粧品の支援物資はとても助かった」とも話してくれた。

3月11日から1ヵ月が過ぎると、避難所生活は当初に比べて快適になった。炊き出しの回数が多くなり、菓子パンでなくあたたかい食事ができる機会が増えた。自衛隊のお風呂や公民館のお風呂など毎日入りに行けるようにもなった。仮設トイレにも電気がつくようになった。

両親のことや流された家のこと、この先の生活など不安だらけで、夜になると寝付けない日が多かったが、周囲に常に人がいることで安心して眠れるようになった。度々襲う余震の多さにも、他の人と一緒ならそれほど怖くはなかったという。「地域の人がまとまって避難所にいるから安心できた」

4月10日から会社に復帰。避難所から会社に通う生活が始まった。非日常であったはずの避難所という集団生活が、いつしかごく当たり前の日常に変わっていた。

避難所では体育館に毛布を敷いて寝ていたという。はじめに支給されたのは1人につき毛布1

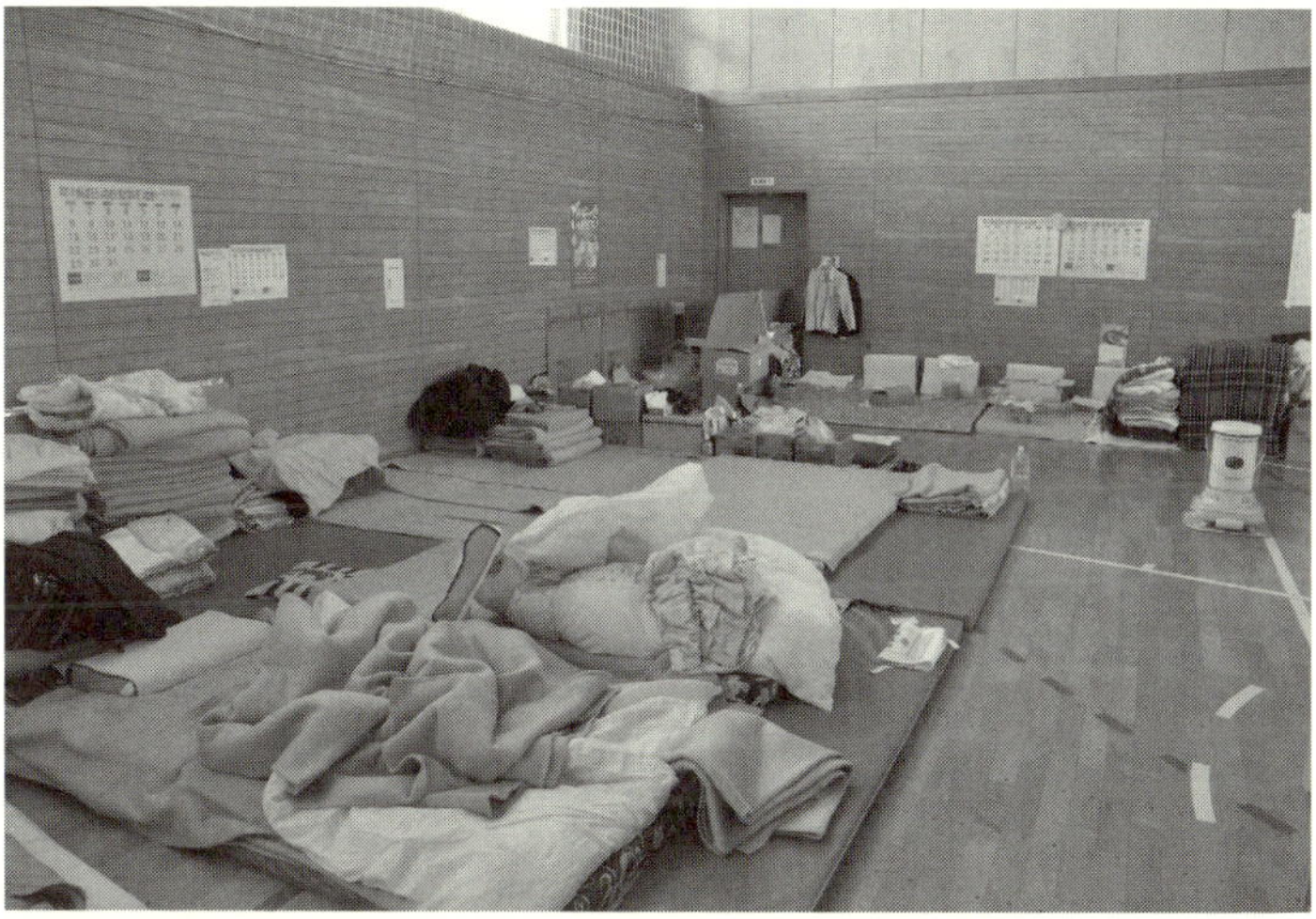

福島県いわき市の平工業高校体育館の様子（2011年5月15日撮影）

枚。しばらくすると4枚もらえたので、2枚をひいて2枚かけて寝た。そうやって毛布の数を増やしていきながら避難所生活を送っていた。「だから借上住宅に移って、たたみにお布団で寝た時、こんなにお布団って気持ちいいんだって感動した」とうれしそうに笑った。

テレビで取り上げられるような話題性のある避難所でもなければ、大きな避難所でもないせいか、芸能人はあまり来なかったが、いろんなスポーツ選手が来てくれたのが楽しかったという。

「元バレーボール選手が来てくれて、軽い運動をしたのがすごく楽しかった」

避難所生活では食べて寝る生活になりがちなだけに、運動するというのは気持ちいいことなのかもしれない。

3月11日から1ヵ月が過ぎると、仮設住宅や借上住宅の話がいろいろ噂で聞こえてくる。「Sさんのところは母と娘だけだから、早く市から連絡があるんじゃないか？」と周囲に言われた。Sさん自身も期待していたが、市から打診があったのは4月30日だった。しかも提示されたのは1Kの部屋。「2人で1K?」と思ったが贅沢を言ってはいられない。

しかし部屋を見に行ってやめようと思った。1階の部屋でベランダには津波で床下浸水の跡があったからだ。「津波で家を流され、両親を亡くしているのに、津波被害があるかもしれない1階の部屋には、さすがに心情的に住めない」と断ったところ、市の職員から脅しまがいに、「これを断ったら、いつ次の住宅を紹介できるかわからないけどいいんですね?」と言われた。「それでもいいです」ときっぱり断ると、1週間後に別の住宅を紹介してくれたという。

今度は津波被害の心配のない海から離れた場所で、しかも2階。1回目と同じく1Kだったがロフトがついていた。「1回目に断っておいてよかった」とSさん。しかし5月7日に部屋が決まったものの、日本赤十字社の支援物資「家電6点セット」が、3週間後にならないと来ないというので、仮の住宅が決まってもあと3週間は避難所生活を送らざるを得なくなった。

家電が来るという日もさんざんな目にあった。9時から17時の間に来るというので会社を休んで待っていたが、17時を過ぎても一向に来ない。市にかけてどうなっているか問い合わせて、折り返し電話くださいといっても電話が来ない。運送会社に電話をかけたら、19時ぐらいになるという。被災地でドライバーが足りていないらしく、地元の地理を知らない人だったため、配達時間が大幅に遅れていたという。

「他の被災者の方も配達日に来なかったと聞いていたから不安になった。ただでさえ新しい家に引っ越すために、さまざまな手続きをしなければならないのに、平日ずっと待たされるのは時間がもったいない」

新生活が始まったものの、両親を亡くし、家をなくしたSさんのような世帯でも、義援金の支払いは遅いという。

「5月に市から5万円、県から5万円もらっただけ。6月になって日本赤十字社の35万円が振り込まれるとの通知がきた。私の場合、幸いにして、仕事がなくならなかったからいいようなものの、震災から2～3ヵ月も過ぎてこれだけの義援金では……」

3月に家も家財道具もほとんど失い、家電6点セットが来たところで、他の生活用品は自分で買いそろえなければならない。しかもこの仮の住まいは2012年3月11日まで無料だが、その後は有料になる可能性もあるという。光熱費は実費、自腹で支払わなくてはならない。

「ロフト付きとはいえ、中学生の娘と私の二人で1Kのアパートにこのまま暮らすというわけにはさすがにいかない。でも有料に切り替わる時に、地元でいい物件があるとも限らない。この先どうなるかが心配です」

流された自宅は借地だったので、生まれ育った家に住めるかどうかはわからない。

「津波被害のあった沿岸の土地は国が買い上げるという噂話も聞きます。早くどうするのか決めてもらわないと、今後の生活設計が立てられない」

未だに避難所での生活が夢みたいで現実感がないともいう。ただ3ヵ月もの避難所生活がむしろ日常になってしまったがために、ぽつんと2人で暮らす新しい仮住まいでの生活にまだ戸惑っている。

「自宅が流された場所に行く度に、今までのことが本当に現実に起きたんだなってことを再確認しています」
不安をあげればきりがない。突如襲った悲劇を呪いたい気持ちもあるだろう。でもSさんは悲壮感漂うこともなく、また絶望している様子もなく、終始しっかりとした口調で話をしてくれた。何不自由のない恵まれた生活をしていながら、不満や不平を数え上げ後向きに生きている人に、こんな境遇にあっているにもかかわらず力強く生きている人がいることを知ってほしいと思った。

8　ペットを巡る被災地の悲哀

「地震後、会社から家に戻って、残っていた犬を助けに行き、車に乗り込んで逃げるところを津波にのまれてしまった。幸いにして津波がひいたら、車は大きな木に引っかかってくれて、私も犬も九死に一生を得ました。先頭が地面に突き刺さって、後部が浮き上がった車から、命からがら犬とともに脱出したのです」（福島いわき市に住むAさん、63歳男性）

津波にのまれながらもともに生き延びた犬と、2ヵ月の避難所生活の後、一時的に別れざるを得なくなってしまった。「ペットを飼える仮設住宅や借上住宅なんてない」と市の職員から言われたからだ。ペットといえど家族同然。ましてや一緒に津波にのまれながらも生きて帰ってきた同志でもある。

しかし市が用意した仮の住まいを断れば、同居している90歳になる義母に避難所生活を強いることになる。ましてや、いつかは避難所は閉鎖され、どこかの住まいに移らざるを得ない。仕事の関係上、福島にとどまるしかなく、ペットはあきらめなければならないのかもしれない。幸い、ボランティアで犬を預かってくれる人がいた。犬と一緒に暮らしたいのは山々だったが、義母のことなども考え、市が用意した雇用促進住宅に移った。

「ところがですよ、引っ越した途端、両隣から犬の鳴き声が聞こえてくるんです。ペット禁止だっていうのに、持ち込んだ避難者の方もいたのです。それだったら私も連れてくればよかった……」

今から犬を連れてくるという手もあったが、市に正直にペットがいることを言ってしまったので、今さらペットを連れ戻すなんてできなかった。正直者がバカを見るのか……。Aさんは表情には出さないが、不条理なことに強い憤りを感じているようだった。

同じ地区に住み、津波被害で家を失った、Bさん（46歳・男性）一家にも犬がいた。やはり市からは「ペットが入れる家なんて用意できない」と突っぱねられた。でもペットと別れるなんてあり得ない。ペットと一緒に住める家が見つかるまで、避難所生活を続けるまでだと思っていた。

しかし月日が経つと状況が変わってきた。「市が用意した住宅でなくても、自分で探した住宅でも被災者に家賃補助が出る」という話になったのだ。

待った甲斐があった。これならペット可能な住まいを自分で探せばいい。避難所から会社に通い、その合間をぬって、新しい住まい探しに奔走した。しかしほとんど賃貸住宅はなかった。いわき市には多くの原発被災者が避難してきており、こうした人も家を探して住むようになっていたので、ほとんどの賃貸物件がうまってしまっていた。ペット可で家族4人で暮らせる家はないか。探し続けて見つかったのは、微妙な位置の一軒家だった。

「ちょっと高台にあるとはいえ、海から近い家。しかも手前の家まで津波被害にあった場所だったんです。地盤沈下しているし堤防もない。津波が来たらまた逃げるしかないけど、ひとまずはここで暮らすしかない」と考えた。Bさん夫婦はこれまで海のそばに暮らしていた。「海が見える開放感のある場所はやっぱりいい」とも思ったが、母親は「もう海沿いはいやだ。あんなひどい惨事に巻き込まれたくない」と考えていた。

Bさん家族は3月11日の地震があった時は、「もしかしたら津波がくるかもしれない」と思い、すぐに高台にあるゴルフ場に逃げたので、津波を目の当たりにはしていない。しかし自分たちが住んでいた家が跡形もなく消え去ってしまった光景は見ている。だから本当なら海沿いには住みたくないという思いもあった。でもやはりペットとは別れがたく、やむなく海沿いの家に引っ越すことにした。

「ペット禁止だって言っていたのに、堂々とペットと一緒に住んでいる被災者も多いと聞きましたよ。うちの犬はワンワンほえるので、禁止なのに住んでしまうという選択肢はなかったですが」

被災地では正直者の被災者がバカを見るのか。ペットはいないと偽って、ペット禁止の住宅に移ってしまう人もいれば、バカ正直にペットがいることを言ってしまったため、ペットをあきらめざるを得なくなった人もいる。

Bさんは避難所が閉鎖されるまで居残る覚悟をしたおかげで、自分で住宅を探しても家賃補助が出るという幸運なチャンスに恵まれた。でもそのためにまた津波被害の可能性のある家に住まなければならなくなってしまった。

甚大な災害で被災者のすべてのニーズに応えていられないというのは理解できる。しかし正直にルールを守った人が「損」をして、ルールを守らない人が「得」をしてしまうようなことだけは何とかできないものかと思った。

9 狭すぎる仮設住宅

震災から約4ヵ月が過ぎた2011年7月のこと。福島県いわき市の仮設住宅を訪れた。

学校そばの空き地に1階建てのプレハブ小屋が連なる。私が訪れたAさん家族は夫婦2人に、社会人、大学生、高校生の5人家族。この5人で住んでいる仮設住宅は、玄関入ってすぐにある2畳ほどのキッチン、6畳のリビング、4・5畳×2部屋の寝室だ。夫婦2人は4・5畳で寝る。高校生、大学生、社会人の3人娘は4・5畳に3人で寝る。「避難所と一緒で寝返りはうてないね」という状況だ。

体育館での避難所生活に比べればマシかもしれない。しかし自分事に置き換えて考えてみたらどうだろう？　地震・津波で家に住めなくなってしまった。体育館での避難所生活を3ヵ月過ごした後、期待していた仮設住宅はこの狭さ……。大の大人が5人住める広さではない。ここから学校や会社に毎日通わなくてはならないと思うと、「もうちょっと広い場所は用意できないの

福島県いわき市の仮設住宅（2011年7月3日撮影）

か」と嘆きたくなる気持もよくわかる。

仮設住宅だけでなく、市の借上住宅や雇用促進住宅に移った人も多いがとにかく狭い。50歳の息子と80歳のお母さんが6畳1間のアパートだとか、お母さんと中学生の娘2人で6畳1間のアパートだとか……。もちろん仕方がない面もある。そんなに急に家を用意できるわけではないだろうし、被災者が多いので広い部屋を用意できないというのもわかる。さらにいわき市は、福島原発30km圏内に家があり、原発事故のせいで〝死の土地〟と化してしまい、一生家に帰れない人たちが大勢避難していることもあり、住宅が不足しているのはやむを得ない。でもそれにしても……と思ってしまう。ならば仮設住宅を2階建てにするとか、工夫の余地はありそうなものだ。

津波被害にあったAさんのもともとの家は、かなり微妙な立地にある。海沿いではないので津波被害にあったのは1階のみ。家の骨格は崩れてはいない。2階は無事で今も2階の部屋に行ったりもしている。「仮設住宅よりうちの2階の部屋の方が広いから、こっちで暮らした

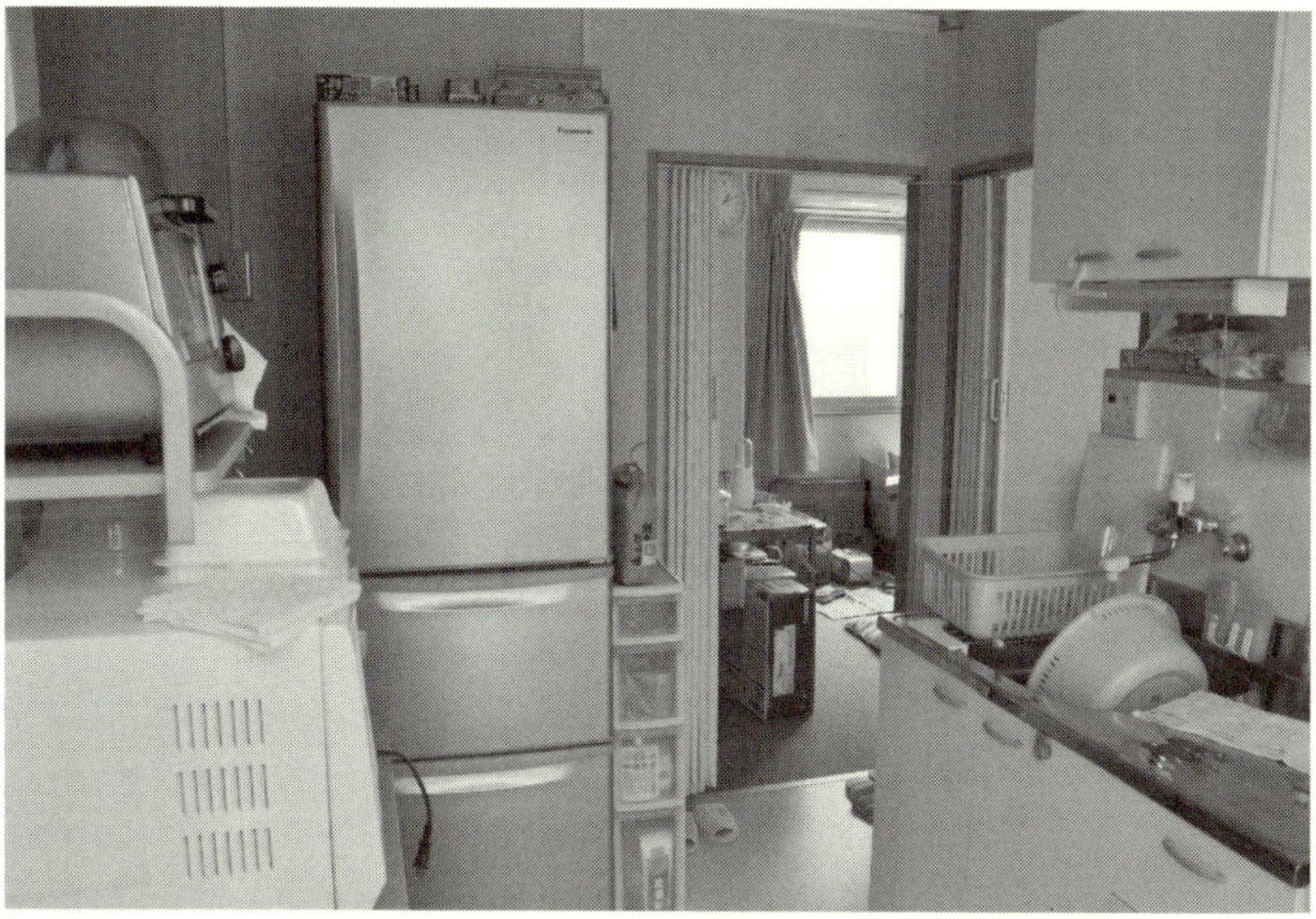
福島県いわき市の仮設住宅内。ここで５人が暮らす（2011 年７月３日撮影）

方がいいんじゃない？」とすら思うという。

もちろん現状では住めない。1階はボロボロなので、住むなら数百万～数千万円かけてリフォームしなくてはならない。ただ家自体はリフォームすれば住める程度の被害だという。

「家を直して住むつもりでいますよ。市がなんといおうと。この狭い仮設住宅にずっと5人で住むのは限界があるし、2年経てばどこかに移らなければならない。他に住む場所のあてがあるわけではないし」

市は津波被害のあった地区を今後どうするのか、はっきり決められないでいる。高台移転という構想もあるらしいが、具体的な話はまだない。建て替えを勝手にしないよう自粛を呼びかける通達は出しているという。

「市がはっきり決めないから、被害の少なかった家は建て直ししているところもあるし、人が住んでいる家もある。市が決めるのを待っていても時間だけが過ぎるだけ。はっきりしないんだったら、自分たちで動くしかない」

海沿いではないものの1階は完全に津波が押し寄せた

場所。しかも今までのように海沿いの家はないので、もしまた津波が来れば前回よりも被害は大きくなる可能性もある。地盤沈下していれば津波被害はさらに大きくなる。

でも現状では、Aさん家族にどんな選択肢があるだろう？　狭い仮設住宅。2年しか住めない。どこか出て行くといってもあてがない。勤務先はいわき市内ゆえ、できればいわき市内に住んでいたい……。家が完全に流され、もうとてもじゃないけど住めそうにない、海岸沿いならあきらめもつくだろうが、そうではない。Aさん家族のような微妙な被害状況、位置に置かれた人たちがいっぱいいる。

幸いにしてAさんのご主人の会社は被害が少なく、今も仕事を失うことなく働けているから収入は得られている。ただ家の修理代、失った家財道具の購入、津波被害で廃車になったため新たな車の購入費用など出費は大変だ。子供2人はまだまだ学費がかかる。かといって誰か家族が亡くなったわけではないから、義援金が多くもらえるわけではない。義援金がもらえたところで、失ったものをすべてまかなえる額には程遠いだろう。「でも家族はみんな無事だったし、こうして一緒に暮らせるのが何よりの幸せ」とはいうが、先行きの生活設計を考えたら、現実的な悩みは尽きることはない。

避難所から仮設住宅に移ったとしても、狭い場所に押し込められて、出ていくお金が多い中、先行きが見えない不安を抱えながら被災者は生きている。被災者以外の人にとっては、震災からもう4ヵ月。被災者の人にとっては、震災からまだ4ヵ月。そのギャップはあまりに大きいと感じた。

10　家電6点セットのワナ

仮設住宅に当選したのに、入居しない被災者が多いというニュースが出始めた。被災地以外の人は「なぜ?」と思うかもしれない。避難所はプライバシーもなく集団生活で疲れるのに、なぜせっかく当選した仮設にさっさと入居しないんだと。その1つの理由が、「家電6点セットのワナ」である。

2011年5月中旬、福島県いわき市の避難所を訪れた時のこと。取材をしているといろんな方から「家電6点セット」の話が出てくる。いわき市は仮設住宅や借上住宅の確保が他地域よりも順調に進んでいた。避難所にいる被災者の中には、すでに入居が決まった人が多いのに、なぜか避難所から出られずにいる。理由は、日本赤十字社が被災者に寄贈する、家電6点セット（洗濯機、冷蔵庫、テレビ、炊飯器、電子レンジ、電気ポット）の配送が遅れているからだった。

避難所にいる方は、①家がない②車がない③仕事がないという方ばかりだ。家財道具も一切なく、収入も途絶えている中、仮設住宅ができたところで、当たり前の話だが家電がなければ生活できない。家電を一式買い揃えるための多額の義援金がすぐ入ってくるわけでもない。家電の支援が遅れていれば、家電が来るまで避難所で待たざるを得ないのだ。

それでも家電しか支援されない。生活するにはふとんもいる、食器類もいる、衣服もいる、その他さまざまな生活用品がいる。それを一から全部取り揃えようと思ったら、贅沢しなくても、相当なお金がかかってしまう。

仕事があって収入があるならいいが、多くの被災者は仕事も失ってしまっている。無収入なのに生活用品を取り揃える出費ができるのか。避難所にいれば食事は無料で支給されるが、仮設に移れば食事は支給されない。食費だってバカにならない。家だけ用意されても経済的に立ち直る見込みがないため、仮設に移れないという一面もある。

しかも仮設は仮設にしか過ぎない。別にその家をプレゼントされてもらえるわけではない。いつかは仮設を出て、自分で家賃を払う場所に引っ越さなければならない。避難所生活が終わり、仮設に当選してよかったねとはいかない。私たちが思っている以上に悲惨な状況が続いている。

避難所に必要な物資と仮設住宅入居者に必要な物資は違う。避難所にいる人を支援するということならイメージしやすいが、仮設にいる人を支援するという想像はなかなか働きにくい。こうしたことも今やほとんどがボランティア頼み。国や県、自治体などの対応はあまりにも遅い。

地震大国、原発大国日本に住んでいる限り、誰もが被災者になる可能性がある。家に住めなくなり、仕事もなくなり、避難を余儀なくされる可能性がある。そう考えれば被災者支援は他人事ではなくなるはずだ。

第2章　見えない恐怖に翻弄される被災者

1 同情はいらない。かわいそうって何？

「かわいそうな東北の人たちのためにボランティアに行く」

知人のその言葉にかちんときた。

「かわいそうってどういうこと？　かわいそうって東北の人たちを〝対等〟に見ていないんじゃない？　少なくともあなたにうちの両親を〝かわいそう〟なんて思ってほしくない。困っている人がいるから助けにいく。それでいいんじゃないの？」

福島第一原子力発電所から北に約10ｋｍ、福島県浪江町出身で東京在住のAさん（30代女性）は、安易な同情心に憤っていた。両親が住む実家は海から近く、津波によって家が流されただけでなく、原発爆発による放射能漏れにより震災直後から避難を余儀なくされた。今は福島県二本松市の仮設住宅で暮らしている。Aさんは18歳まで浪江町で暮らし、その後は約20年間、東京に住んでいる。

両親は被災者だが自分は直接の被災者ではない。でも東京にいる被災者ではない人とはまったく思いが違う……。自分の〝中途半端〟な立場から、周囲の人たちとの温度差を感じるようになり、抱えきれない想いを一人背負っていた。

「私は東京にいたから被災者ではない。でも両親は被災者。私は東京にいたから被災者の気持ちを完全に共有することはできない。でも私の故郷は失われ、放射能によって二度と戻れない可能性が高い〝死の町〟と化してしまった。東京にいる知人から〝かわいそう〟と同情される。でも同情なんて求めていない。〝かわいそう〟という上から目線の言葉が、平然と出てくることに傷つく。わかったようなふりして同情されることが一番つらい。所詮は他人事なのだから冷たく聞いてくれた方がよっぽどいい。でもそんなことを東京の人にいっても仕方がない。

親しい友人なら、変な同情などせず、ただ話を聞いてくれるのではないか。そう思って話してみたら、他の人と同様、同情されてがっかりする。話さなきゃよかった……。こうしてどんどん誰にも想いが話せなくなった。かといって地元にいる被災した友人との思いも共有しにくい。私は東京にいて被災はしていないのだから、深刻な被害を目の当たりにしていない。東京に避難してきた町の友人とも思いが共有できない。友人は東京で仕事を探して完全移住した方がいいのか、悩んでいたりしているが、私は3・11前と変わりなく仕事がある。私の苦悩を理解してくれる人が周囲にいない。

しかも兄は東京電力の社員だ。地元の人は家に帰れないことや、家族の捜索ができないこと、今、仕事がないことなど、すべて東電のせいにする。でもこうした恨み節を聞かされる度に、違和感を覚える。兄は今も変わらず原発で働いている。確かに職を失わなくてよかったかもしれない。でも被ばくの危険にさらされながら、避難することもできず、働いている。それが他の人より運がいいことなのだろうか？　確かに東電は過去に事故を隠蔽したり、体質に問題があることは事実だと思う。でもすべて東電のせいなのだろうか？」

原発から10㎞の町に住みながら、今まで原発について何も知らなかった自分が恥ずかしくなったとAさんは言う。

「3・11後、原発について調べまくった。なぜ福島に原発ができたのか。原発の危険性は、放射能の危険性は何なのか。私の中途半端な立場に置かれた葛藤。そんな状況を〝つらい〟とつぶやいたら、〝一緒にがんばろう〟って返信くれた人がいたけど、一体、何を一緒にがんばろうなのか。気持ちをわかったようなふりした、建前的な〝がんばろう〟という言葉にどれほど傷つくことか。同情はいらない。ただ冷静に聞いてくれる人がほしい」

そんな時、Aさんは被災地関連の記事を書いている筆者のブログを知った。ただ第三者として被災地を取材しているだけというスタンスや、被災地に同情せず冷静に書いている内容に共感し、「この人なら変に同情せず、ただ聞いてくれるかもしれない」と思い、筆者のところにメールをいただき、話を聞くことになった。

「この葛藤は一人で抱え込むには重すぎた。誰か適切な人に聞いてほしかった」とAさんは言う。今回の震災でAさんのような悩みを持っている人は、大勢いるのではないか。建前的な被災地美談や被災地エピソードばかりが報じられ、微妙な立場に置かれた人たちの心の叫びは置き去りにされる。すべてを被災者や被災地という鋳型にはめられ、その鋳型しか見ないボランティアが同情心で、かわいそうだから「助けてあげる」という、どこか上から目線のスタンスでやってくることに息苦しさを感じる。

でもいいことをしているわけだから、ボランティアに対して文句を言いにくいといったような雰囲気が充満している。このため本音を吐き出せる機会がない。「同情なんてしてほしくない」

なんて言おうものなら、「何をほざいているんだ?」と反発されかねないために、ただ我慢して口を閉ざすしかなくなってしまう。

そんなAさんが今、一番不満に思っていることは、「浪江町に帰れるかもしれないみたいな、そんな幻想を政府が振りまいているのが許せない」という。

「放射線量が仮に今だけ低くなったからといって、本当に帰ってもいいのか? 帰って本当に安全に暮らせるのか? うちの両親はできれば浪江に帰りたいといっている。でも危険かどうかもよくわからないのに、帰れるかもしれないという変な期待を抱かせているために、今の仮設暮らしのまま動けなくなってしまい、新しい生活に移れなくなってしまう。中途半端な生殺し状態にするのはやめてほしい。町に帰れるかもしれないみたいなことは言わないでほしい。というより私の立場としては両親に危険の可能性が高い町に帰ってほしくない。安全が確認できない限りは町を立入禁止にしてほしい。私だって両親が帰りたいといっているから、できることなら故郷に戻してあげたい。でも現実を見て欲しい。このような放射能汚染の状況で帰りたいから帰してあげるなんて、他人事だから言えることではないか」

そしてAさんはこう続けた。

「放射能汚染の危険が高い福島の一部エリアは立入禁止にして、ガレキ処理場や全国の原発の廃棄物処理場や貯蔵施設にするしかない。福島以外に汚染ガレキを受け入れる場所なんてない。こうなってしまった以上、福島が犠牲になるしかない」

今、福島はまるで人体実験場だ。放射能によって人間はどうなってしまうのか。今までのデータではよくわからないから、福島に人間を住まわせて被ばくと健康の関連データを取るというおぞましい実験ではないか。原発20㎞地点の小学校まで再開するという、恐ろしいことを始めている。

福島に過度に同情する人たちは、「福島をガレキ処理場に」「福島を立入禁止に」と言うと猛反発する。「福島を見捨てる気か」みたいな。だからなのか地元の人たちの故郷愛を〝悪用〟し、危険な可能性も高いなか、除染すれば安全になるという幻想を植え付け、次々と避難区域を解除したり、学校を再開させたりしている。

安全かどうかもわからないまま、なし崩し的に学校を再会すれば、放射能の健康被害について正確な知識をもたない国民一人ひとりがわが子を学校に行かせるべきかどうか、極めて難しい判断を自分でしなければならない。それで数年後に子供に健康被害があったら「親の自己責任」と言い逃れして、国が責任を取らない布石とすら考えられる。

原発によっていろんな人の気持ちが引き裂かれていく。Aさんのように誰にも言えない葛藤を一人で背負うこともある。

「放射能の問題さえなければ、目の前のガレキを片付けて復興しましょう、がんばろうって言えた。でも今の浪江町の状況はそんなのではない。中途半端に帰れるかもなんていう幻想はいらない。危険だからもう帰れないとはっきり言ってくれた方が一時的につらいとしても、後々のことを考えればどれだけ精神的に楽か……」

地震、津波だけでなく原発が加わった今回の震災は、さまざまな人の心をかき乱し続けている。

本当に福島のことを思うのなら、被災者のことを思うのなら、他人事なのに〝かわいそうだ〟と同情して、生殺し状態を長く延ばすことに加担するのではなく、冷たいと思われたとしても、きっちり安全か危険かの線引きをして、従来とは違う新しい人生のスタート地点に立たせてあげることなのではないか。

「地震と津波と原発で、これまで生まれ育ってきた自分の家が消え去り、町の風景はあとかたもなく消えてしまった。すぐそこに町があるのに立ち入れず帰れないという状況に直面し、これまでの人生を全否定されたような喪失感も感じている。だから３・11以降、何かに懸命になることができない自分がいる……」

３・11で価値観は180度変わった。まして放射能リスクのある地域はこれまで通りの復旧なんてできない。でも復旧できるかもしれないという幻想を与えることで、過去に引きずられたまま、新しい人生に進めなくなっている人もいる。

幻想は幻想でしかない。現実的な復興を考えるためにも、美しい幻想をどこかで断ち切らなければならない。

2　今、日本中で起きているケンカ

「最近主人と大ゲンカしました。主人の職場のお中元で、今まで大人気だった福島産の桃がまったく売れない。社員に特価で売るというので買ってきたんです。でも私は今、４ヵ月の赤ちゃんに授乳しています。『桃を食べて赤ちゃんに万が一のことがあったらと思うと食べられない』と言ったら、主人が、『一個二個食べたくらいで被曝するのか。農家の人に申し訳ないと思わないのか』と激昂してしまいました。私は福島に親戚と友人がいるので、福島のことを考えると涙が出てしまうのですが、やはり子どもの将来を考えると、どうしても……。結局主人は一人で桃を食べました。私と小学生の子どもたちは食べませんでした。私も子どももできるだけ福島産は避けてもらいたいのが本音です。申し訳なくて申し訳なくて、とてもつらいのですが、やはり子どもの未来は守りたいと思ってます」

とある女性から放射能についてのブログ記事についてこのようなコメントをいただいた。このコメントにあるように、今、日本中で大なり小なり、こうしたケンカが巻き起こっているのではないか。放射能汚染の危機感から〝東北〟のものを食べるのをやめるべきか。汚染なんてたいしたことはない。というか「風評被害」だから、今こそ復興のために〝東北〟のものを食べるべきだという意見があり、日本中が真っ二つに分かれてしまっている。

そんなことを象徴する番組があった。２０１１年に東北の一部で放送された『たかじんのそこまで言って委員会』でのこと。子供相談コーナーで、「東北の野菜とか牛肉を食べたら僕らはどうなるの？　小４・男子」という質問に対し、中部大学の武田邦彦教授が「もちろん健康を害しますからできるだけ捨てていただきたい」と発言したコメントが、まるで「問題発言」のように、大きなニュースとして取り上げられていた。

このコメントに対して番組では、出演していた元京都府小学校教諭・今村克彦氏が、「取り消せ！」とわめいていた。

「なんだその言い方は！　取り消せ！」「東北のもんを食うなっておかしいだろう」

確かに武田氏の発言は「東北」を切り捨てるように聞こえ、反感を買うには十分だ。だから「東北」や「農家」に「同情」する「偽善者」たちは同情論から批判する。

しかし番組で武田氏はこのように言う。

「今、生産するのは間違っている。きれいになってから生産しないと。畑に青酸カリがまかれた。青酸カリをのけてから植えてください。これが順序。東北の人や福島の人を助けるには、僕らが被曝することじゃない。国土をきれいにして除染してから。農家の方は全力で救う必要がある。1年休業しても大丈夫なようにする」

まったくの正論だ。しかし感情論に凝り固まった人たちには、「言い方が悪い」の感情論による反論のみで、科学的な反論ができない。これでは話がかみあうわけがない。

放射能に対する危機意識は、性別によっても年齢によっても地域によっても変わる。しかしこうしたケンカが起きるのは、これが中国で起きた事故ではなく日本で起きたことだからだ。もし中国の原発が爆発し、放射能が漏れたら、日本人はどうするだろう？　中国のどこで事故が起きようが、全部中国産の食品は危ない！　といって絶対に食べないのではないか。危なくないものであったとしても。

しかし今回は中国ではない。同じ日本で起きた。だからどこかで「安全なはず」という思い込みもあるだろうし、また「農家がかわいそうだから」「東北がかわいそうだから」という同情心もある。中国産の食品とは違って、世界最悪の原発事故が起きたとしても、「日本の食品は危ない!」と切り捨てられないのだ。

こうして東北に同情する人と、自分の子供が大事だという人とが真っ向から対立し、「危険だ」「危険じゃない」「東北を見捨てる気か」「子供を殺す気か」という議論が激化する。

なぜこうしたことが起きてしまうのか。それは「正しい情報」がないからだ。政府、官僚、東電は放射能汚染の情報を過小評価し、時に隠蔽を行ってきた。最近になってやっと小出しに発表しているだけだ。このように正確な情報が少なく、情報が正しいのか否か信用ならない環境に置かれているため、過度な悲観論と過度な楽観論が横行し、ケンカを生む結果となっている。大事なのは正確な情報をきちんと出すこと。都合の悪い情報を隠したり、発表をわざと遅らせたり、わざと低い数値になるよう地上から高いところで測ってみたり、そういうことをするから余計に情報の信頼性がなくなり混乱するのだ。

危ないか危なくないかを判断するのは国民一人ひとりに任せる。政府や企業は正確な情報を出すことに努める。そうしないから疑心暗鬼が広がったり、なんの危機意識も感じない風潮が広がったりする。

ただ難しいのは、国民が正しく判断し行動できる知識を持ち合わせていないことだ。これまで放射線量が何マイクロシーベルトなんて、多くの人は知らなかっただろう。政府が3月に発表したとしても、それがどの程度かわからない国民は、過度なパニックになってしまう恐れもある。だから隠したのだろうし、パニックになって社会機能がマヒするなら、本当のことを言わない方がいいと判断をしたのかもしれない。

でも政府が悪いといったところで結局、自分の身を守るのは最後は自分自身。無知は罪。正しい知識を得て自己防衛しなければならない。過度な悲観論と過度な楽観論でケンカしている前に、今どんな事態が起きているのか、様々な専門家の声をネットや本などで拾い集めて、自分で判断できるような情報咀嚼力を身につけたい。そうすれば無為なケンカは減るのではないかと思う。

お互い、感情論で戦っていても勝ち負けはつかない。

3　孫がいるから魚はとらねえ

福島県いわき市に住む、釣りが楽しみだったおじいちゃん。家は海岸部にあったため、津波で流され、働いていた工場も被災。勤めていた工場の社長も津波で亡くなってしまった。今はいわき市内中心部に居を移し、お孫さんほか家族と暮らしている。

「俺はいいけどさ、うちはほら、孫がいるから。だからもう釣りはしねえ。放射能がどうなってるかわからねえからよ」

毎週のように釣りを楽しみ、釣った魚を家族にふるまっていた。でも3・11後、釣りはしないという。とにかく孫がかわいくてかわいくて仕方がない。生活のすべての中心は孫。孫に危険が及ぶ可能性があるなら、自分の楽しみの釣りはきっぱりやめた。

放射能リスクへの考え方が、日本中で二分され、なかには家族ゲンカに発展することもある。

「そんなに気にする必要はない」という人と、「気にするべきだ」という人。政府や官僚や自治体は、人体実験よろしくまったく気にしていないようだが、小さな子供を持つ母親は気が気ではない。

放射能リスクに対しては年代によっても大きく変わり、60歳を過ぎた高齢者になると、「別に20〜30年後にガンになっても、それは仕方がない」とまったく気にする様子がない人もいる。でも日本には小さな子供たちがいる。このおじいちゃんのように身近に孫がいれば、男性だろうが海が好きだろうが60歳を超えていようが、どれだけの汚染があるかはっきりわからないうちは、自分の好きな釣りはやめてでも、放射能リスクは避けたいと考える。

人によって想像力は異なる。孫と一緒に住んでいれば放射能に対して敏感になるが、そうでなければ「別にたいしたことない」ということになる。もちろんどこまで気を使うかは難しい。釣りだけでなく、福島から避難した方がいいんじゃないかという考えもあるだろう。

ただ放射能は自分だけの問題ではないということが重要だ。自分が高齢だから別にいいという話ではない。自分に孫がいなかったとしても、日本の子供たちが被害を受ける可能性がある。そこに想像力を働かせて考えた時に、基準値を上げるとか、たいして気にしないとか、レントゲン何回分だからどうのとか、原発30km区域で学校を再開させてしまうとか、現状追認の態度をとらないのではないか。

大気中の放射線による外部被曝よりはるかに怖いのが、食べ物経由で放射性物質を取り込んでしまう内部被曝だろう。大気中の放射線量が低いから安全ではなく、食品による内部被曝をどれだけ防ぐかが、今後の大きな課題になっている。

温情で福島や東北の食品を買って、自分たちの子供や孫を被曝させてはならない。自分が早死リスクを抱え込むのは勝手だが、それを若い世代に強制してはならない。放射能リスクに対する考え方のバラつきが、日本中の精神ヒステリーを煽り、放射能そのものというより、放射能があるかもしれないという恐怖が、社会に多大なマイナス要因を撒き散らしている。

風評被害とはちゃんと検査をせず、正しい情報を出さないことから発生する。文部科学省から汚染地図が公表されたが、大ざっぱ過ぎて細かな地域情報はわからない。そうやってアバウトな情報ばかりしか出さないから、過度に怖がったり、過度に楽観視したりする、誰も正確な事態を把握できない、今のような悪い状況を生んでいるのだと思う。

悪い情報でも隠さず出すことが、風評被害をなくすことにつながるということが、政府や官僚や自治体や企業にはわからないのかもしれない。

4　華やかな避難所祭の表と裏

なんて素晴らしいお祭りなんだろう！

２０１１年7月24日、福島県南相馬市で避難所となっている原町二中のグラウンドでは、朝10時から夜21時までお祭りが行われていた。原発20㎞圏内のために立ち入りができない小高地区で毎年行われている火祭りを再現しようと、避難所となっている学校での祭りが決まった。

福島県南相馬市原町二中で行われた避難所祭（2011 年 7 月 24 日撮影）

しかし単に例年行われている祭りの縮小版では意味がない。震災が起きたこともふまえて、祭りにいろんな意味が加わった。

・まだ避難所で生活している100人あまりの被災者のための楽しみ
・今まで南相馬の支援を行ってくれたボランティアを再び集めて、避難所の人たちとボランティアの人たちのつながりを深める
・避難所を出て仮設住宅に移ってしまった人のための物資配布の会をかねる
・原発爆発で一度南相馬から離れてしまった人を呼び寄せるためのひとつのきっかけ

そういった様々な要素が複合した祭りだった。こんな素晴らしい祭りはない。私が何度も取材している被災地、福島のいわき市でも、こんなイベントができたらいいと考えていた、いわば理想形が目の前に広がっていた。

しかもこの祭りは市や県も協力的。原町二中の避難所運営を行っているのは南相馬市の税務署職員が中心で、

避難所祭では、仮設住宅に移った人のために無料の物資配布も行われた（2011 年 7 月 24 日撮影）

福島県いわき市の市職員の怠慢な避難所対応とはまったく違い、実に献身的に避難所運営を行っていた。

開会の挨拶には今回の震災で一躍有名になった桜井市長も来るほど。市や県が協力的でなく、ボランティア主催になりがちな企画が、被災者もボランティアも行政も一体となってできるなんて、とてもいいイベントだと私は思っていた。

ここが世界を騒がせ、日本全土を汚染しつくした災厄、福島原発から20kmしか離れていないなんて信じられない。

しかし見た目の〝平和さ〟とは裏腹に、ここに来ている人たちの心の陰は、あまりにも大きかった。この避難所祭りをモデルに、他の被災地でも同様のイベントを開催すれば喜ばれるのではないか。そんな風に思っていた矢先に、「これは仮の姿ですよ」と祭りに出店していた地元のある人から言われ、原発被災地の問題の深刻さに気づかされた……。

「このお祭りは、放射能問題のせいで復興が遅れている南相馬市の人たちが、心なごむきっかけとなり、これか

ボランティアによる出店も多数。無料で食事が提供された（2011 年 7 月 24 日撮影）

ら復興に向けた力を出すきっかけとなればと思っています」

素晴らしい祭りにふさわしい模範回答ともいうべき受け答えだった。こうしていろんな人が集まる機会があれば、そこで人と人とがつながり、また新たな力になっていくんじゃないかと。

「お話聞かせていただきありがとうございました」と、次の出店者の取材に移ろうかと思ったところ、立ち去ろうとする私を引き止めるように、彼はこう付け加えた。

「でもね、この祭りは、南相馬の仮の姿にしか過ぎないですよ」

「仮の姿⁉」

彼は「お祭りは復興のきっかけになる」という、表向きの答えとは別に、本音ではまったく違うことを考えているようだった。

「私個人のややネガティブな考えかもしれませんが、祭りは一時的な息抜きにしか過ぎず、抜本的な復興とは程遠いものです。本来ならこの南相馬市にいる全住民をただちに避難し、どこか別の町に住民大移動を行うべき。私は今でもそう思っているんです」

彼が住んでいるのは原発から20～30㎞圏内。彼の実家は原発20㎞圏内にある。地元志向が強そうな人が、市全域を避難区域に指定して町ごと別の場所に移った方がいいというのはなぜなのか。

「南相馬の放射線量は今は確かに低いです。でもこの先、原発から近いため、危険な状況になるかもしれないとも言われている。要は危険か危険じゃないかわからない場所なんです。そんな場所を復興して、今まで通り何の不安もなく暮らせますか？　そんなの無理です。すでに住民は半減し、学校の再開は難しく、病院も機能していない状態。そんな場所で暮らすなんて無理です。アメリカの言うように原発から50マイルは一律避難エリアに指定し、政府主導で住民大移動をすべきです」

彼はあくまで淡々と冷静に語っていた。でも心の中では憤りや不満が渦巻いている。

「ガイガーカウンターすら住民に配られていない。それで危なくなったら避難しろと言われたって、いつ危険なのかもわかりようがない。南相馬に中央政府直轄の放射能対策組織を置き、放射能の科学的調査をすべきです。でも結局は電力会社の都合や地域経済を優先し、経済合理性判断と行政判断によって、住民はこのまま住んで大丈夫なのか、それとも本当はすぐにでも逃げた方がいいのかわからないまま、どっちつかずの状態でこの場所に縛りつけられてしまっているんです」

福島の被災地に取材に行くと、必ずといっていいほど次のような言葉を聞く。

「宮城や岩手は福島よりいい。放射能の問題をそんなに考えなくていいから。メディアにも取り上げられ、ボランティアもいっぱいくるから。でも福島には地震、津波被害だけでなく、放射能の問題がつきまとっている。簡単に復旧・復興なんて言えない」

避難所の学校のすぐそばにあるファーストフード店やレストランほか、コンビニエンスストアもビジネスホテルも営業を再開している。しかも放射線量は今のところ低く、海岸部の壊滅的なエリアに行かずに町にいれば、震災被害などなかったような普通の平和な町に見える。

そこで行われる祭りも素晴らしいものに見えるが、ここで暮らす人々の葛藤、心の闇は、生半可なものではないことに気づかされた。

地震被害や津波被害は甚大だったが、何よりも原発被害は、人々の人生を180度狂わせてしまう、とてつもない破壊力を持つ。原発被災地の復興は恐ろしいほど複雑な問題を抱えている。政府が思い切った判断をしてくれればいいが、被災者任せの生殺し状態を強いているのが現状だった。

5 体育館で2ヵ月、教室で2ヵ月

「なかなか仮設住宅の抽選に当たらなくってね。もう4ヵ月も避難所生活しているんですよ。もうそろそろ、いくらなんでもね……」

2011年7月24日。福島県南相馬市の避難所の1つ、原町二中には、まだ100人前後の被災者が避難所生活をしていた。仮設住宅が建ち始めて当選して移る人を横目に見ながら、抽選に

原町二中の教室。ここで被災者は寝泊りしている（2011年7月24日撮影）

外れた人たちは、教室の床にダンボールを敷き、そこに布団を敷いて生活している。

「はじめの2ヵ月は新潟の体育館に避難していました。原発が爆発しちゃったから。新潟では大変よくしてくれました。でもできることなら生まれ育ったふるさとに戻りたい。南相馬市の放射線量が低くなっているというので、ならばとふるさとの避難所に移ってきました」

この方の家は津波被害を受けたものの、1m30cm程度の床上浸水で済んだという。でも家に戻ることはできない。原発から20km圏内にあるからだ。わが家は人が住むことが許されない土地に指定されてしまった。

「息子夫婦と孫はまだ新潟にいますよ」

放射線量が低くなったとはいえ、避難所は原発から20〜30km圏内。緊急時避難準備区域、すなわち何かあったらヤバイから逃げろという極めて不安定な地域ゆえ、子供や孫を連れてくるわけにもいかず、自分ひとり、ふるさとに戻ってきた。

2011年7月21日には南相馬市の一部地域が放射線

原町二中の避難所から退所した人に支給される布団（2011年7月23日撮影）

量の高いホットスポットになっているため、4地区59世帯が「特定避難勧奨地点」に指定された。「仮設住宅に当たればねえ〜」といっても仮設住宅も原発から約30〜40㎞の距離にある。家には帰れない。避難所を転々とするなか、仮設住宅の抽選に当たったとしても、所詮は「仮設」。いつかどこかに移り住まなければならない。

わが家に戻れない。避難生活も時期によっては、放射線量の影響でどうなるかもわからない。そんな途方もない先の見えない未来の中で、同じ境遇の人たちと身を寄せ合って、教室で暮らしている人たちがいることに、何ともいえない無力感を覚えた。

今日は避難所でお祭りがある。半月前から祭りの準備を手伝った。

「これで今日のお祭りの写真撮ろうと思って」

慣れない手つきでニンテンドーDSを取り出した。支援物資でもらったものだ。DSでの写真の撮り方を教えてあげたら喜ばれた。

先が見えない生活の中で、ほんの一時だけかもしれないが、祭りによって心に小さな明かりを灯すことができたら、それはそれで素晴らしいこと。しかし原発被災地ではこの先も流浪の民になる可能性を秘めている。

6　20㎞圏という境界線

一般人が福島原発に近づける限界地点である、原発から20㎞地点の福島県広野町Jヴィレッジに2011年6月に行ってきた。原発に近づくにつれ、何度もすれ違ったのはテレビでよく見た映像、白い防護服に身をまとった集団が乗るバスだ。次第に見えてくるどでかい煙突は、福島原発ではなく東京電力の広野火力発電所だが、発電所の煙突を横目に見ながら、検問エリアに到達した。

異常な警戒ぶりで2人の警察官が寄ってくる。「ここで引き返せばいいんですよね」といって引き返す。すぐそばで車を止めて、立入禁止手前のJヴィレッジの入口まで歩いていこうとした。Jヴィレッジは、東京電力が危険な原発を建てた事前賠償金ともいうべき地元への見舞金として、130億円も出して寄贈した施設。こうした金で地元の人たちの心を買収し、原発を建てさせたわけだ。運営会社の社長が福島県知事。副社長は東電副社長。こうして原発という嫌悪施設の代償に、自治体と電力会社が一体となってハコモノ・バラマキをすることで、危険な原発を喜んで誘致させるように仕向けてきた。

そんなJヴィレッジはいまや福島原発対策基地の最前線拠点ともいうべき場所。まさか原発事

原発から20ｋｍ地点の福島県広野町では防護服に身をまとった人のバスが行き交っていた（2011年6月19日撮影）

故を想定して事故の最前線基地のために作ったのではないかとすらうがってしまう。ここから20㎞圏内に入っては戻る高い放射線量を浴びた車を洗浄したり、家の荷物を取りに戻る〝白装束〟集団のバスの出発地ともなっている。

20㎞圏内手前のJヴィレッジに行こうとしたら、あわてて2人の警官が飛んできた。「Jヴィレッジの入口だけ一目みたい」というと、名刺と免許証を出せという。「なぜ立入禁止エリアに無断立入するわけでもないのに、免許証を見せなきゃならないんだ」と言っても「念のため」としか言わない。あまりここで警官に逆らってJヴィレッジ周辺の放射線量を計測できなくなるのはいやなので、仕方なく名刺と免許証を差し出した。すると警官の態度は一変した。

「あれ？　横浜の人？　私、川崎なんですよ。すいませんね〜、免許証見るのが決まりなもんで」。ここにいた警官は神奈川県警の人だった。原発20㎞地点で地元の人に会うとは思わず、お互いほっと心がなこんだ

原発から20ｋｍ地点の福島県広野町。厳重な警戒態勢が敷かれていた（2011年6月19日撮影）

のだ。「この辺は放射線量高いから気をつけてくださいね」と親切に声をかけてくれた。

Jヴィレッジ入口までの坂道でガイガーカウンターを取り出し、放射線量を測る。0・90マイクロシーベルト／時から次第に、1・00、1・10、1・20、1・30、1・40マイクロシーベルト／時まで上がった。確かに高い。横浜では0・08～0・20程度。福島いわき市でも0・20～0・40ぐらいだ。いかに高いかがわかる。

のどかな風景が広がる田舎に130億円もの大金を注ぎ込み、豪華なスポーツ施設を作るあたり、いかに原発が危険であるかということが前々からわかっていたのかもしれない。それにしても厳しい警戒態勢をみると、国民の危険を遠ざけるためというより、国民に都合の悪い情報をいかに隠すかに腐心しているように思えてならなかった。

7　原発との距離に比例しない放射線量の恐ろしさ

２０１１年７月。原発から20～30㎞圏内にある南相馬市の避難所付近をガイガーカウンターで測ってみた。そこでの放射線量はだいたい０・20マイクロシーベルト／時。さらに南に進み、原発20㎞の立入禁止エリア手前まで行き、警官の前で放射線量を測ってきたが、０・20～０・30マイクロシーベルト程度。原発から近いにもかかわらず、思ったほどそんなに高くないことに驚いた。原発から遠く離れた千葉の一部地域などは、０・40マイクロシーベルトあるとの報道もあった。原発から20㎞の南相馬の２倍もあるのだ。放射線量の多い少ないは原発の遠い近いに関係ない。これが原発の恐ろしさだ。近くに原発がなければ被害はないということにはならない。

原発に近い南相馬より離れた場所にあるにもかかわらず、放射線量が高い地域といえば飯舘村だ。南相馬に向かう途中、常磐道の船引三春ＩＣを降りてから、車の中でガイガーカウンターでずっと計測していた。はじめは０・20～０・40マイクロシーベルト／時程度で推移したが、飯舘村に入ってから１・00～１・90マイクロシーベルト／時に上昇した。

密閉された車の中でこの数値である。外に出て測ってみるとなんと最高値で３・46マイクロシーベルト／時！　さらに驚くべきことに草むらに近づけたら、14マイクロシーベルトを超えた。しかも見た目や人間の肌感覚ではまったく放射線量が高いということはわからない。これが何より恐ろしい。

原発から20kmの南相馬。ここから先は立入禁止（2011年7月24日撮影）

ガイガーカウンターがなければ高いなんてわからない。線量が高い地域に降りると気分が悪くなるとかなら危険を察知できるだろうが、0・20だろうが3・4だろうが14だろうがまったくわからない。しかも日によっても場所によっても数値がくるくる変わる。まさに見えない敵だ。

そしてもっと恐ろしいのは政府や自治体の対応。福島市の毎日発表されている数値は、約1マイクロシーベルト／時もある。この数値は先月、いわき市側から原発20kmの立入禁止エリア手前のJヴィレッジで測った値と同じだ。しかし放射線量が高くてもまったく避難区域に指定される気配はない。なぜか。人口が多くて、避難する金を負担したくないのと、大パニックを起こしたくないからだろう。

緊急時避難準備区域の南相馬市は0・20マイクロシーベルト／時程度で、何の区域にも指定されていない福島市は1マイクロシーベルト／時程度。一体、何を基準に「危険」の判断をしているのかさっぱりわからない。

飯館村で計測。大気中は２～３マイクロシーベルト／時（2011 年７月 23 日撮影）

飯館村で計測。大気に比べて草むらなどは異常に高い数値に（2011 年７月 23 日撮影）

しかも放射能被害はすぐに表れるわけではないため、今ここにとどまることの良い悪いが判断しにくい。数年後、数十年後にならないとわからないからだ。例えば5歳のわが子がいたとして、20年経ち、25歳で放射能のせいで病気になったらどう思うだろう？　親はどう思うか。なぜあの時、何が何でも逃げなかったのかと、悔やんでも悔やみきれないのではないか。なぜ２０１１年に国や自治体は逃げるように言わなかったのかと。でも20年も過ぎてしまえば、その時の責任者なんてもう誰もいない。怒りをぶつける先はなく、「放射能との因果関係は不明」の一言で片付けられる可能性が極めて高い。

まだガイガーカウンターを持っている人が少ないことに驚く。この先、原発がどうなるかわからない。放射線量は人間の感覚では感知できないのなら、一家に一台、4～5万円程度のものでいいから、ガイガーカウンターは手に入れるべきではないか。それが放射能に汚染された国に生きる最低限の自衛手段だと思う。政府・自治体・東電の発表は信用できないから。

8　県外移住を決めたいわき市民の決断

「避難ではありません。住民票を移動する完全な移住です」

福島県いわき市に住むKさん（30歳）が２０１１年11月に県外移住を決めた。彼の家は沿岸部ではないため、津波被害はまったくない。いわき市の放射線量は０・10～０・20マイクロシーベルト／時と、福島県内では低い方だ。しかも今いわき市は、原発20㎞圏内の避難民大量流入と、原発作業の最前線基地として原発作業員などが多く滞在しており、ちょっとしたバブル的様相を呈している。商売をするのには追い風だ。しかし彼は県外移住を決断した。「いわきが好きで好きで仕方がない」と何度も言っていた彼がである。

移住は決して放射能だけが理由ではないというが、原発がなければこんなことにはならなかっただろう。原発事故は恐ろしいほど、多くの人の人生を狂わせた。ただ起きてしまったことはもうどうしようもない。問題は原発事故が起きてこれからの人生をどうするのか。彼の決断の経緯は、今後の生き方を考える上で極めて参考になると思い、彼の移住決断のブログの一部を転載する。以下、引用。

11月11日。嫁さんと、愛娘と、愛息の3人が、山形県庄内地方にある、嫁さんの実家に「移住」しました。避難ではありません。住民票を移動する完全な移住です。

私はいわきに残留し、仕事を続けます。本心としては一緒に行きたいのですが、理想と現実、今の現状で仕事を捨てて生活を維持できるかというと厳しく、しばらく（最低でも2年）は単身赴任となります。

今回のこの決断。すべてが放射能のせい、ではありません。いろいろな理由が複雑に絡み合っての決断です。しかしながら、原発・放射能問題がなければ、こんなことにはならなかったでしょうし、家族みんなでいわきに住み続けていたと思います。以下、今回の決断に至った経緯を全てお話しいたします。

●はじめに――3・11よりも3・12

2011年3月11日。東日本は未曾有の大震災・大津波に見舞われました。死者・行方不明者が数万人となる歴史的大災害となりました。

ですが、福島県にとってより重要であり深刻な出来事は「3・12」であります。東京電力福島第一原子力発電所1号機が、全国に生中継されている中で大爆発しました。さらに3月14日、3号機でも大爆発。3月15日には、建屋が残存しているものの、1号機よりも3号機よりもより深刻な内部損壊が2号機において発生しました（首都圏に及ぶ広範囲な放射能汚染は、この2号機によるものとの推測です）。

福島県は、沿岸地域の津波被害、県内広範囲に及ぶ地震被害、そしてチェルノブイリ原発事故を上回るレベルの放射能汚染被害、それに伴う風評被害、実際問題として発生し始めている健康被害という名の「実害」と、幾重にも「害」に侵されている現状であります。

私の超個人的な見解ですが、プラス思考で考えるならば、いわきに居住を構えるということに対するメリット、企業としての展望想定も、決してすべてマイナスなイメージばかりではありません。しかし、2児の父としてはどうか？　これからいくつかのキーワードを挙げ、1人の企業家として、2児の父として、家族を支える・守る者として、今回の決断にいたる各種ファクターを書き記していきます。

●キーワード1「人生80年」

私たち夫婦は2011年度で31歳になります。人生を80年としたとき、残り約50年あります。2011年3月11日。未曾有の大震災の被災者となり、原発事故の被害者となりました。私たちはこの出来事を『不幸』とは考えず、人生における大きな経験と捉えます。不安や不満、憤りの感情はマイナスのイメージしか生み出しません。この経験を好機と捉え、20年、30年、50年先を見据え、子供、家庭、仕事の三本柱を中心に、今後の人生設計のプランニングを前向きに構築すべく、今回の決断に至りました。

また、妻の胸の内に秘めた願い。それは「山形の家族を治療してあげたい」ということでした。専門学校に進学し、国家資格を取得し、晴れて「先生」となった妻。いわきに嫁ぎ、2人の子宝に恵まれ、これから大きく発展していこうと考えていた矢先の、今回の大災害。この大災害に見舞われるまで私たち夫婦の中に「山形で開業を」という選択肢はほとんどありませんでしたが、事ここに至り、その選択の先にある無限に広がる可能性に、これからの人生が「おもしろくなる!」という希望の光が見えました。私は妻の想いを尊重し、また自分の残りの人生を山形で過ごすということに『人生の楽しみ方』を見出したいのです。

私は結婚前に妻に言いました。「80歳を過ぎ、2人で家の縁台に座り、『楽しい人生だったなあ……』と、笑って振り返ることのできる、そんな人生を2人で歩んでいきたいね」と。

そういう場所を、そういう家を、私達は山形で建ててみたいと考えました。人生80年。このタイミングで、生活基盤を「山形・厳冬地域」にしてみる。……おもしろそうじゃないですか。人生として。放射能は別として、ただ単純にね。

●キーワード２「福島差別」

現在、福島県内のスーパーで売られている野菜には、少数ではありますが県内産野菜も出回っています。もちろんすべて検査されていて「安全」とされているものばかりですが、主婦の方々はみな、並んで置いてある県外産野菜を手に取ります。２０１０年の古米の価格が上昇し、売り切れ、現在では「古古米」が流通しています。この現象をどう捉えればいいのでしょうか。表向きは「大丈夫だっぺ〜」と言っていても、心の奥に染み付いた不安が、福島県産を拒んでいることのあらわれだと思います。

今回の震災の中で「情報ボランティア」という活動をさせていただき、多種多様な方々とのつながりが出来ました。そんな中で感じたのは、人間（特に日本人）の深層心理には、いろいろな考え方があるということでした。情報ボランティアをしていると、各方面から様々な情報がリアルタイムに集まってくるようになりましたが、時として「えっ？？」と耳を疑いたくなるような、聞きたくもない情報まで入ってくるようになりました。

今回の大災害、特に原発・放射能汚染問題によって人々に蓄積された「負のイメージ」は、非常に根が深く、深刻であります。また牛肉汚染報道に始まる「大丈夫」という言葉そのものの信頼性の低下も深刻な問題であり、あらゆるデータをもって「大丈夫」と諭しても、十中八九の方に納得のいく「大丈夫」になるためには相当の時間を要するものと思われます。

今、求められるものは「先見の明」「想定外をも想定できる力を養うこと」であると考えます。

・大丈夫という言葉の信頼性を回復させるように努力する。

・福島県を覆う「負のイメージ」を払拭する。

この2点は確かに大事なことではありますが、果たしていつまでかかることになるか見当がつきません。さらに、現在報道や政府発表により公にされている情報は真相のごく一部分に過ぎず、今後少しずつ明らかにされる真実により、この福島の立場はより深刻になっていくものと思われます。

私たち夫婦にとっての懸念は、将来子供たちが大人になったとき「福島出身である」ということでいわれのない差別を受けかねないということです。可能性に過ぎませんが、全否定はできません。なぜならば、人間は多様性の生物であり、考えは千差万別。それを今回の震災で痛感しました。

今、どんな学者や専門家が「大丈夫！　安心！　安全！」といってもその言葉そのものの信頼性が損なわれているため、消費者心理としての「不安」は拭いきれないのが実情です。これは多くの日本人が抱える悩みだと感じます。

一体何年この悩みが続くのか、そしてそれが日本人の深層心理に植えつける「福島」のイメージがどんなものになるのか。私達はそれを想像しながら、人生設計を見直すことにしました。

●キーワード３「学校」

先日まで子供たちが通っている保育園では、ほぼ屋内で活動していました。小学校も中学校も、体育の授業はほぼ屋内でした（学校長の判断により屋外活動の学校もある）。しかし部活動は「慣れ」でしょうか、現在では普通に活動しています。

それと同時進行で、子供たちを対象とした被曝検査も徐々に始まっており、外部被曝、内部被曝の実態が徐々に明らかになってきました。「一体いつになったら震災前の通常の学校生活に戻れるのか？」「学校給食の安全性は？」今学校に自分のお子さんを通わせている親御さんの悩みは尽きません。

先の見通しが立たない現状に、不安や不満が募る一方です。疎開や転校を検討したいものの、あきらめざるを得ないご家族はたくさんいます。その理由は、友達と別れたくない、みんないるんだから大丈夫なんでしょう、仕事があるから等、いろんなご意見がありました。それを否定することは絶対にできませんし、尊重しなければならないものだと思います。

が、もし条件がクリアできるのであれば、私は子供たちは福島から離れるべき、と考えます。それは放射能の高い低いであるとか、「将来ガンになる可能性が……」といった類の話ではなく、前述の「福島差別」の懸念が拭いきれないというのが大きな要因です。それにもし将来、明らかに放射性物質由来の疾患にかかったとしても、国や東電が補償してくれる可能性は皆無に等しいでしょう。ならば、子供の将来を預かる我々にとって、不安要素はできうる限り取り除いてあげたい。また、長女は２０１２年度より小学校入学となり、途中転校はできるだけさせたくないという思いがあります。決断するならば「今」でした。

子供たちには、外で目いっぱい遊んでほしい。何の心配もなく、一生懸命部活動に取り組んでほしい。そんな、親としてごく当たり前な願いを叶えたいんです。

●決断のプロセス

○理想論：夫婦は、家族は一緒に生活すべき。
○現実論：収入の安定なしで、家庭の安定は得られない。
○現在の顧客様を裏切ることはできない。
○第一に考えなければならないこと：長女の小学校入学。

これらの要素から導き出した結論は、
○２０１１年11月中旬、妻、愛娘、愛息は山形へ移住。住民票も移動。
○愛娘は２０１１年中に幼稚園に入園し、来春に小学校に入学。
○愛息は、来春に幼稚園に入園。
○私は、いわき残留。事業継続。

●さいごに

今、時代は大きな転換期を迎えています。アメリカ国債の格下げ。止まらない円高の流れ。

ＴＰＰ。国債を国債で返すという多重債務者にも似た先進国の衰退。歳入の落ち込み。医療制度の崩壊への序章。超高齢社会への突入と、進展のない少子化。挙げればきりがない日本の不安要素。

そんな中で起きた、東日本大震災。東京電力原発事故。途方も無い金額に膨れ上がった賠償金問題。払えるわけがありません。今はどのメディアも取り上げていませんが、今後は海外からの損害賠償請求（水揚げした海産物からの放射能汚染被害）があると思われます。

メルトダウンを通り越して「メルトスルー」した核燃料。安定冷却？　核燃料を取り出す？　今まで人類が経験したことのない、実験にも似た作業が、いつ収束を迎えるのか。

ある東電社員さんの話。「もし、これから先、現状よりも悪化するような事態になったら、腹をくくれ」「冬場は確実に数値は上がる」「一番ヤバいのは、１でも２でも３でもない。４号機だ。あの使用済み核燃料貯蔵プールがダメになったら、人間は近づけない。俺たちが近づけないということは、１も２も３もダメになる」

なぜ佐藤栄佐久前福島県知事は、頑なにプルサーマル計画を拒否したのか。そして献金問題で辞職に追い込まれた、知られざる背景とは。今はそんな過去あった出来事を検証する場合ではありません。大震災から現在に至るまでの経過や、原発事故の原因追求をしている場合でもありません。

大事なことは「今」、そして「これから」です。今はただひたすらに、振り返ることなく「前を見る」ことだと思います。

未来を生きる子供たちへ、私たちは何を語り、どう行動し、伝えることができるのか。それが、今の私たち夫婦に課せられた大事な宿題です。今いわきにいてお子さんを抱えていらっしゃる親御さんは、皆、悩みの中で生活されています。本当はいわきを離れたいけど、仕事の関係で断念せざるをえない状況だったり、身内がちょうどいい場所にいなかったり……。

私達は「手に職がある」「愛娘がまだ小学校に入学する前」「山形庄内地域に妻の実家がある」「実家のバックアップが万全である」これらの条件が揃っているからこそ、今回の決断ができたのであって、もし長女が小学校にすでに入学していたらそのまま6年生まで通学させていたでしょうし、そのまま中学校も行かせていたでしょう。

また妻の実家がもし東京方面にあったならば、いわきとあまり変わりませんから行かなかったでしょうし、もし私が会社勤めの会社員ならば、無職になってまでいわきを離れるという選択はしなかったでしょう。

贅沢な立場ですよね。みんな同じような悩みの中で日々生活をされているのに。うしろめたい気持ちは、もちろんあります。前にも言いましたが、私はいわきが好き。福島が好き。居れることなら、いわきで生活したいです。

だけど……でも……すいません、これ以上は……複雑な心情をお察しください。

最後に一言、原発のバカ野郎

さぞ苦悩の決断だったことだろう。しかも福島いわきをとても愛した人だった。でも子供のことを考えたら、ここにとどまってはならない……。福島県の児童・生徒数は２０１１年だけで１万７４１５人減少し、２０１０年の約30万人から約28万人に減少したという。子供のことを思う親がまた一人、また一人と福島を去っていけば、どんどん福島は衰退していくだろう。このような決断をできる人は現状まだ多くはないが、これからもまた増えていくだろう。こうなると過疎化がさらに進み、復興どころではなくなると思う。

第3章　ボランティア迷惑論のウソ

1　ボランティア迷惑論はデタラメだった

「被災地のために何か役に立ちたい」

「お金はないけど現地で手伝いならできる」

甚大な被害映像をテレビで見せられる度に、こう思った人は多いのではないか。ところがボランティアは行っても迷惑だとか、行っても受け入れ先がないとか、もう足りているとかいう雰囲気が充満し、「行っても迷惑ならやめておくか」「もう十分、人数いるなら自分が行かなくてもいいか」とせっかく気持ちがある人が多いのに、それが活かされず無駄になってしまうケースが多い。現地ではいくらでも人手が必要にもかかわらず。

2011年5月中旬に福島県いわき市の避難所を取材して思ったのは、震災から2ヵ月が過ぎてもなお、被災地を支えているのは自発的に支援活動をしている個人や組織のボランティアということだ。はっきりいって国や県や自治体はあてにならない。

ボランティアがいなければ成り立たないほど、ボランティアに支援を依存しているといってもいい。しかもボランティアの多くは、ボランティアの豊富な経験者でも災害ボランティアのプロでもない。潤沢な資金を持っている大企業などでもない。ほとんどが普通の人たちばかりだ。彼らはマスコミがつくるボランティア迷惑論に惑わされず、被災地では必ず人手が必要だし、何らかの手伝いが必要なはずだと確信し、現地に赴き、そこで何が必要かを聞き、自分ができる範囲で活動を行っている。

福島いわき市の避難所の所長的立場で避難所運営を行っていたのは、東京文京区にあるNPO法人・響きの森ネットの加藤良彦さん（60歳）だった。響きの森ネットは文京区の子供たちをキャンプに連れていくといった活動をしている団体。つまり災害ボランティア団体ではない。にもかかわらず、この大震災で何かできることはないかと、3月下旬に被災地に赴き、福島県いわき市の避難所の1つ、平工業高校の避難所運営を任されることになった。

加藤良彦さんは1週間に1度、東京に帰ってくるぐらいで、あとはずっと避難所に寝泊りして避難所運営を行っている。他の団体のメンバーは東京で仕事があるため現地に行くのは土日が中心だが、加藤さんから連絡を受けて、東京で足りない物資をかきあつめたりするなど、後方支援を行っていた。子供キャンプを行う東京のNPO法人が、被災地の避難所運営を行っている不思議に何より驚いた。

本来なら地元の自治体が避難所運営・管理をすべきだろう。宮城や岩手のように、自治体職員の多くが津波被害にあって亡くなっているため手助けが必要だというならともかく、福島いわき市の場合、市中心部はほとんど無事。被災地域も限定的だ。にもかかわらず地元の自治体職員がまったくあてにならず、避難所の管理をプロでもないし、いわき市に何の縁もゆかりもない東京の人が仕切っているという状況だった。

避難所にいる地元の自治体の人は、福島県の人が1人、いわき市の人が1人。避難所には職員が毎日代わる代わる交代で来るから、誰も避難所の状況をよくわかっていない。ろくに引継ぎもされていない。当初は寝泊りする職員もいなかった。避難所に何の物資が足りないのか、どんな物資が余っているのか、どんなニーズがあるのかなど、響きの森ネットの加藤さんに聞かないとわからないのだ。

災害ボランティアの専門でもない、東京のとあるNPO法人がたまたまここに来たおかげで、避難所が運営されているという事実。もしこうしたボランティアがいなかったら、自治体が義務的に行う最低限の支援のみで、避難所の状況は悲惨だった可能性が高い。パンを大量に誤発注してしまうような自治体なのだから。

ちなみにこの避難所には、長崎県・長崎市の自治体職員が3人派遣されており、2週間交代で避難所に寝泊りして支援を行っている。これも実に不思議な光景だった。長崎の人たちがまるで地元の自治体の人のごとく、朝から晩まで支援活動を献身的に行っていた。自治体職員はただアリバイ証明のごとく避難所にいるだけにもかかわらず。

ゴールデンウィークあたりから「ボランティアはもう十分足りている」「災害支援の専門家でもない人が現地に行くなんて迷惑になるだけだ」といった雰囲気がメディアで形作られていた。しかし現地に行って避難所を見て思った。そんなものはまったくのデタラメだったと。ボランティアがいなければ避難所は成り立たないし、いくらでも人手も支援も必要だと。

私は避難所に行く前は、もう震災から2ヵ月も過ぎたのだから、専門的・組織的なボランティアでない限り必要ないのではないかと思っていたが、それはとんでもない間違いだった。今回の震災はあまりにも被害地域が広く、複合的要因も多いことから復旧が遅れている。復旧ができない以上、復興なんてできるわけがない。圧倒的にマンパワーが足りないのだ。

多くの地域で人手が必要とされていながら、現地の自治体があまり機能しておらず、受け入れ態勢がないから、足りているとか迷惑だといって断ってしまうが、実際には人手や物資はいくらでも必要で、自主的に活動している団体ではボランティアを募集しているところも多くある。

しかも震災直後から活動しているボランティアの多くが口々にしたこと、それは、「もうそろそろ体力もお金も限界」ということだ。

「有償ボランティアでないともう支援活動を継続することは難しい。このままでは自分がぶっ倒れてしまう。でもまだまだやらなければならないことはたくさんあるし……」と苦悩している人もいた。

災害が起きる度にメディアはボランティア迷惑論を喧伝するが、災害発生からしばらくの間はいくらでも支援がいる。今後、どこかで災害が起きた時に、ボランティア迷惑論に惑わされず、支援にかけつけるべきだと思った。

2　仕切る人次第で避難所の待遇が激変する

「この人、ほとんど仕切らないし、頼りない感じで、大丈夫かなってはじめは思いました。でもこの緩さ加減がよかったんだと、後でわかりました！」

避難所を誰が仕切るかでその雰囲気が180度変わる。そんな話をあるボランティアから聞いた。福島県いわき市の平工業高校体育館の避難所を3月末から仕切っていたのはNPO法人響きの森ネットの加藤良彦さん。いわき市の災害対策本部に行き、ボランティアをしたい旨、伝えると、避難所をいくつか紹介された。その中で「平工業高校の避難所は雰囲気が悪い」と言われたが、加藤さんは「悪いところこそ支援すべきだ」とそこを選んだ。響きの森ネットが支援するようになってから、この避難所の雰囲気も評判も良くなり、避難所が閉鎖される6月頃には、「いわき市の避難所の中で平工業高校の避難所がすごくいい」と地元の人やボランティアの人から評価されるように様変わりした。

前出のボランティアは、各避難所を巡った中で、なぜ平工業高校の避難所が良かったか、こう分析する。

「この避難所は加藤さんが仕切っていた。加藤さんはとっても緩い。いい意味で仕切らない。私たちボランティアが来れば、できることはどうぞ自由にやってと任せてくれる。ボランティアにあれやれこれやれと細かい指図はせず、ボランティアがしたいことをやらせてくれる。だからこの避難所にはいろんなボランティアが集まってきて、みんながみんないいと思ったことを自主的に率先してしてやるので、どんどん避難所の環境が良くなったのではないか」

そんなこと当たり前、と思うかもしれないが、他の避難所は必ずしもそうではないらしい。

「いわき市内の別の避難所に行き、そこを仕切っている人に、何かお手伝いできることありますか？　とたずねたが、『今はボランティアも物も足りているから必要ない』と断られた。でも避難所にいる被災者に話を聞いたら、これから夏になるので、夏用の薄手の服が足りなくて困っているという。それを持っていって配ったらすごく喜ばれた。もし仕切っている人の話を鵜呑みにして、被災者の話に耳を傾けなければ、夏服に困っていたのではないか」

ここの避難所を仕切っている人は管理や統制を優先するあまり、なるべく支援は最低限にし、できるだけ面倒なことや手間はしたくないとの思いから、よそものボランティアを断ってしまったのかもしれない。そうするとボランティアの間で「あそこの避難所に行っても何も手伝わせてもらえない」「物も人も足りているらしい」と噂が広がり、結果ボランティアが寄り付かなくなる。こうして避難所を仕切る人によって、避難所格差、待遇格差が現出する。

ボランティアを仕切る人が自治体だと、ゴールデンウィークにボランティアが集中しても、「ボランティアはいっぱいで足りてる」と断ってしまったところもある。でもそれは被災者のニーズをすべて聞きまわっているわけではなく、限られたニーズしか聞いていないため、「もう十分」「もういらない」という話になる。

しかし実際には被災地ではいくらでも人手がいる状態で、自治体仕切りのボランティアではダメだと考えた人たちは、自分たちで勝手に被災者の人に「何かお手伝いできることありませんか？」と聞いて回ったら、いくらでもニーズがあったという。

ニーズとボランティアのミスマッチは、被災者に話を聞いてもよく出てきた。

「床上浸水してしまった1階のゴミ清掃をしたいと思い、とても家族だけでは手が回らないので市にボランティアをお願いしたが、ゴールデンウィークにもかかわらず、回せるボランティアはいないと言われた」（いわき市の被災者）

ボランティアは十分足りているると断ってしまっているから、このようなことが起きるのだろう。仕切る人が悪いと、ボランティアに助けて欲しい人がいっぱいいて、ボランティアをしたい人もいっぱいいるのに、両方を断ってしまうというとんでもないことが起きてしまう。

一方、加藤さんのように、何か支援したいならどうぞやってくださいという受け入れに柔軟な姿勢のところにはいろんなボランティアが集まり、いろんな支援が集まってくる。もちろん加藤さんは何でもかんでもオールOKしているわけではない。「私はシンプルな原則で判断している。避難所にいる被災した方のためになるのかならないのか。それだけだ」と言っていた。

仕切りすぎの人たち、仕切りの見当違いの人たちの多くは「被災した方のためになるかならないか」ではなく、「自分が管理しやすいか、しにくいか」で判断するから間違う。

『災害ボランティアの心構え』（村井雅清著、ソフトバンク新書）を読んだが、そこにもボランティアはどんどん押しかけて、自分でニーズをどんどん拾って自主的に活動すればいい、といったことが書いてあった。自分で直接被災者に話を聞いて、勝手にボランティアをすればいいのだ。

とかく日本では事なかれ主義というか、問題が起きると困るという発想が強いのか、何でも管理しないと気がすまない傾向が強い。それがボランティアの自主性を阻んでしまい、結果、被災地・被災者にとってマイナスになってしまう。自治体のように自分たちのキャパシティの問題で門戸を閉ざしてしまうと復旧・復興が遅れる原因になる。時期によって避難所を仕切る人に求められる能力は変わるかもしれないが、避難所の初期の頃には、いろんな人を呼び込み、いろんな人に手伝ってもらうような、寛容なリーダーが必要だと思う。

3　1600km先からお風呂を支援！

この澄んだ目の輝き！　なんといい顔をしてるんだろう！　1600km、車に乗って福島まで支援しに来た宮崎県門川町チームのメンバー、出口さんと道前さんだ。

2011年7月23日。福島県南相馬市の避難所となっている原町二中に到着すると、明日の避難所祭りに参加するために宮崎から来ている人たちがいた。「宮城じゃなくて宮崎から福島？」。3日がかりで車で宮崎門川町から来たという。なぜ宮崎なんてはるか遠くから、わざわざ福島に？　門川町支援チームの出口さんはこう答えてくれた。

宮崎県門川町から支援に来た出口さん（2011年7月24日撮影）

「うちの町もよ、漁師町だから、3・11のような地震・津波があったら大変な被害にあう。津波被害の映像見てたら他人事じゃないって。とうちゃん、かあちゃんが被害にあったら、真っ先にみんな助けにいくだろう。それと同じよ。困っている人がいるんなら助けにいかなきゃ。そう思って4月9日に南相馬に支援にいった。それでまた祭りやるっていうから誘われて来たってわけよ」

震災が起きた直後、出口さんは仲間たちを集め、支援の方法を考えた。

宮崎県門川町から支援に来た道前さん（2011年7月24日撮影）

「みんなきっとあったかいもの食べたいじゃろうし、あったかいお風呂に入りたいはず。じゃああったかい食い物とお風呂を持っていこう！」

水まわりの設備機器を経営する出口さんは、お父さんほか仲間たちに頼んで、薪を使って沸かせる風呂を作り始めた。

「被災地に水道がなくてもよ、川の伏流水があるところなら、風呂沸かせると思ってよ」

約３週間かけて風呂を作り上げた。さてそれをどこへ持っていくか。出口さんは手当たり次第、津波被害のひどい自治体に「お風呂を持っていきたい」と電話したが、ことごとく断られたという。

「みんな自作の風呂なんて持ってこられても困ると思ったのか、どこも受け入れてくれんのよ。あちこち断られたけど、たまたま電話をかけた南相馬市はぜひ持ってきてくださいって言われて、それで４月９日に持っていったのよ」

４月といえばまだかなり被災地は厳しい状況だったはず。出口さんは大人６～７人を集めて、大型トラックに自作風呂を乗せて、宮崎から１６００㎞、福島まで運んだ。

原発から近い南相馬市は悲惨な状況だった。南相馬に着くと、風呂を設置すると同時に、出口さんは太鼓まんじゅう（白あん、黒あんの入った今川焼き風のもの）を、道前さんは魚のすり身

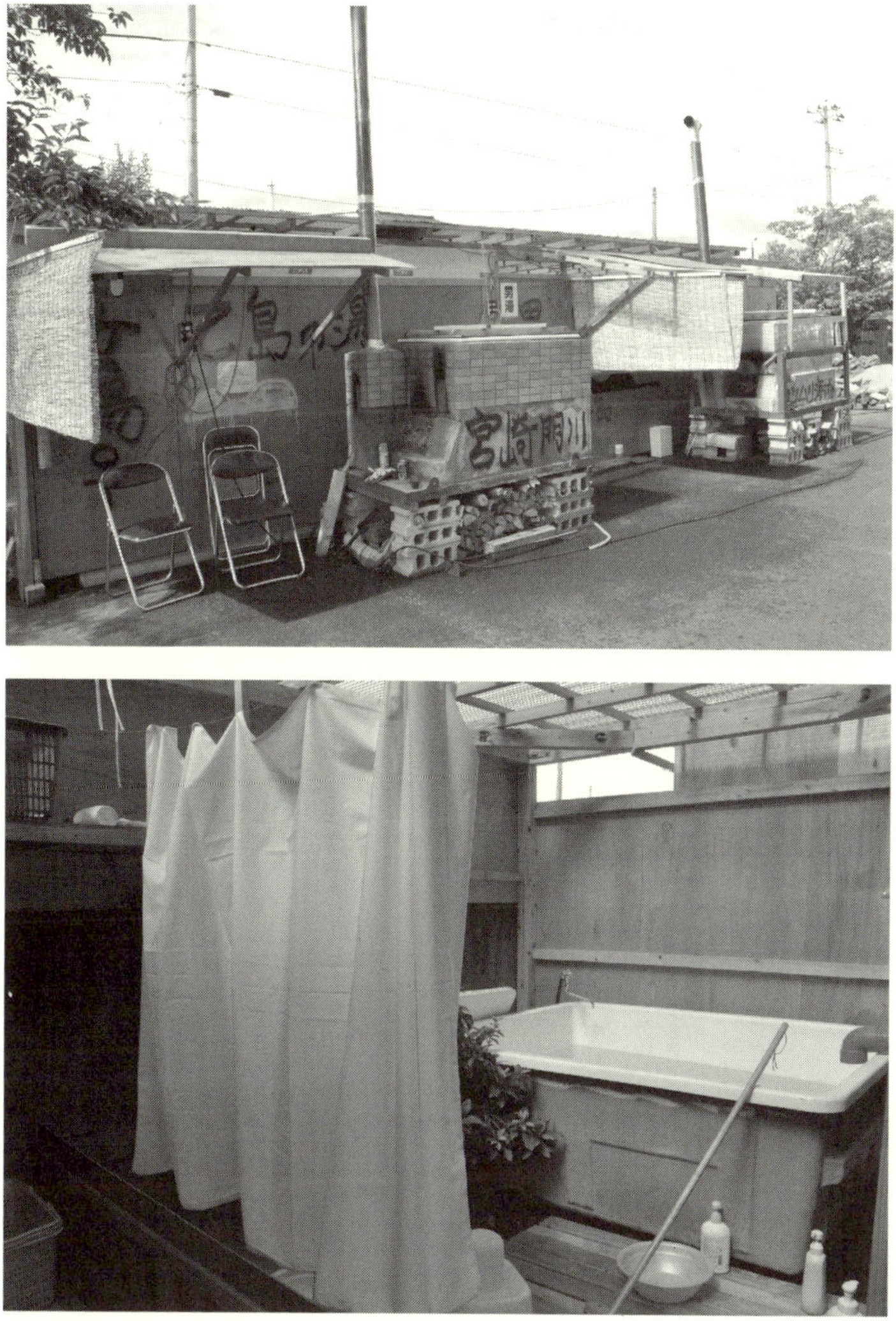

門川町で作成したお風呂（2011 年 7 月 24 日撮影）

揚げをその場で作ってふるまった。

「厳しい状況だったから被災者の方に、なんと声かけたらいいかわからんかったけど、とにかく俺たちは俺たちのやり方でやるしかないって、もくもくと作ってふるまっていった。はじめはみんな遠慮していたみたいだけど、あったかいものおいしいってわかってくれて、いろいろと俺たちに話しかけてくれるようになった」

太鼓まんじゅうと魚のすり身揚げの炊き出しを何日か続けた後、２００〜３００万円かけて作った風呂は置いていき、何事もなかったように立ち去っていった。

プロ級の支援を行った彼らは、なんと今までボランティア経験はなかったという。災害ボランティアの経験ももちろんない。そんな彼らが再び7月24日の祭りのためにやってきた。今回も出口さんは太鼓まんじゅうを、道前さんは魚のすり身揚げをふるまった。昼12時頃よりスタートし、夜20時頃まで、彼らはほとんど休むこともなく、ひたすら作り続け、被災者の方たちに無料でふるまっていた。今回は出口さんも道前さんも息子さんを連れてきていた。息子と二人三脚となって、炊き出しをしていた。

こんな素晴らしい教育というか夏休みの親子旅行ってないだろうなと感心した。どちらの息子さんも「お父さんと一緒に写真撮ろう」といっても、年頃のせいか恥ずかしがっていたが、炊き出しの手伝いは文句もいわず、炎天下のなか黙々と手伝っていた。

今回の震災で支援をしている人の中には、こんな「奇特」な人たちもいる。被災地に縁もゆかりもあるわけでもない。被災地からはるかに遠い。にもかかわらずテレビに映し出される悲惨な被害状況を見て、いてもたってもいられなくなり助けに来た。遠いから支援できないとかそんなの関係ない。こういう「奇特」な人たちのおかげで被災者は助かっている。

日本は捨てたモンじゃない。宮崎県門川町の出口さんと道前さんを見て思った。でもきっと今回の大震災では、今まで災害ボランティアの経験などない多くの素人たちが、いろんなところでいい支援をしているはずだ。未曾有の災害だったからこそ、「他人事じゃない。助けなきゃ」と思った人たちが大勢いる。でもその半面、「何か現地で支援したい。でも……」と自分に言い訳して被災地支援ができなかった人たちも多くいる。

災害直後は誰が行ってもいい。善意あるボランティアの人々によって被災地は支えられている。

4 被災企業と建築家のコラボ支援

本社、工場が福島第一原発から約10㎞に……。私を福島県南相馬市の避難所に連れて行ってくれたのは、建材販売を行う株式会社ＡＤワールドの平澤潤子社長。その会社に勤める社員の方とマイミクだったことから、取材同行の機会を得た。なんとこの会社、本社、工場が原発10㎞圏内の場所にある。建物は幸いにして津波被害がなく、社員の人的被害はなかったものの、多分もうこの場所で営業できることはないという。

地震・津波被害なら防ぎようのない自然災害であきらめもつくだろうが、被害がほとんどないのに、原発のせいでもはや数十年先まで本社や工場のあった場所に立ち入れないという悲劇。平

南相馬の避難所に置かれた「こころシェルター」（2011年7月24日撮影）

澤社長をはじめ、営業部隊は東京にあったが、原発被災から今後どのように立ち直り、新たな本社、工場機能を移転するかなど問題は山積みだろう。

「急に枝野官房長官が原発20㎞圏内の立入禁止を発表した時は驚いた。あわてて本店、工場から必要な帳簿類を運び出した」と平澤社長は言う。原発爆発から会社の被災で苦しい状況に直面していながら、平澤社長は毎週のように、本店のあった南相馬市の避難所支援に赴いていた。

被災した社員の中に避難所生活をしていた人がいたのも理由の1つだが、そうした社内の事情を超えて、悲惨な避難所の状況を見て「私たちが取り扱っている建材を活かした支援ができるのではないか」というのが支援するモチベーションとなっている。

「建材を扱う私たちプロから見たら、避難所での間仕切りが荷物を扱うダンボールなんて信じられない。震災直後なら致し方ないかもしれないが、長く生活をする上で、ダンボールに使われる接着剤は人間の体にあまりよくな

郵 便 は が き

料金受取人払郵便

神田支店承認

3907

差出有効期間
平成25年 5 月
31日まで

101－8791

507

東京都千代田区西神田
2-5-11出版輸送ビル2F

共栄書房 行

お名前《ふりがな》 お電話
ご住所（〒　　　　　　　　） （送り先）

◎新しい読者をご紹介ください。

お名前 お電話
ご住所（〒　　　　　　　　）

愛読者カード

このたびは小社の本をお買い上げ頂き、ありがとうございます。今後の企画の参考とさせて頂きますのでお手数ですが、ご記入の上お送り下さい。

書 名

本書についてのご感想をお聞かせ下さい。また、今後の出版物についてのご意見などを、お寄せ下さい。

◎購読注文書◎

ご注文日　　年　月　日

書　名	冊　数

代金は本の発送の際、振替用紙を同封いたしますので、それでお支払い下さい。
（３冊以上送料無料）
なおご注文は　FAX　03-3239-8272　でも受け付けております。

「こころシェルター」を設計した建築家の高崎さん（2011年7月24日撮影）

い。有害な成分がある揮発性化学物質が使われていることから、シックハウス症候群（住居内での室内空気汚染による健康障害）になりかねないと思ったのです」（平澤社長）

テレビに映し出される避難所の様子を見ながら、間仕切りをどうにかしなければならないと思っていた時のこと。大阪市で、震災で被災した人工透析患者やその家族1000人を受け入れるため、展示会スペース・インテックス大阪6号館に一時避難所を開設するとのニュースが入った。そこにも間仕切りが必要になるだろう。ならばうちで扱っている自然素材のハーベストパネルを使ってほしい。そこで大阪市に電話し、提供を申し出て2500枚のパネルを納品した。

それがすべての始まりだった。インテックス大阪の一時避難所が閉鎖になった5月、不要になったそのパネルを大阪市長から南相馬市の避難所に寄贈するので、使ってもらえないかと連絡があり、平澤さんはその橋渡し役となった。健康被害が少なく、人間らしい生活をするた

避難所祭にて挨拶する株式会社ＡＤワールドの平澤潤子社長（2011年7月24日撮影）

めの間仕切りを、避難所生活している方にも利用してもらえるなら、こんな素晴らしいことはない。

４月に避難所を訪れた時、平澤さんは、「ここは生き地獄だ」と思ったという。震災から1ヵ月以上が過ぎてもこんなひどい状態。なんとかしなければと自分たちができる支援を考え始めた。ＡＤワールドと何度か仕事をしていた建築家の高崎正治さんも、被災地の避難所の様子を見て、平澤社長と同じことを思っていた。

「ダンボールはひどい。そこからなんとかしなければならない。こんな環境で心の復旧・復興なんかできるわけがない」（高崎さん）

避難所の映像を見て、その環境のひどさに強い憤りを持っていた高崎さんは、避難所生活でも人間の尊厳を守ることができる空間「こころシェルター」構想を思いついた。

「ダンボールではないちゃんとした間仕切りと畳。小さな茶室的シェルターを避難所の体育館に、まるで町のように50個とか１００個作れないだろうか？」

何度も何度も図面を描き、そして模型を何度となく作り直した。高崎さんが苦労したのは、プライバシーとコミュニティのバランスだ。

「プライバシーを重視してコミュニティを遮断してしまうような閉鎖空間ではまずい。かといってコミュニティを重視しすぎると、集団生活の中で心が落ち着ける拠り所がなくなってしまう。なんとかそのバランスがいい空間の部屋を作らねば」

そんな一心で何度も何度も図面や模型をやり直していたのだ。こうした中、ADワールドの平澤社長と同じ想いを共有していることから意気投合。何度か一緒に東京から避難所に行くようになった。体育館に「こころシェルター」を数十個置くというのは、金銭面からも難しいし、受け入れ側も難しそうだ。避難所生活を送る人たちが、1人になれる場所であり、かつ茶室的に何人かで集まって和気あいあいくつろげる場所として、避難所に1つか2つ「こころシェルター」を置けないだろうかと考えた。

しかし1つ置くだけでも自治体、行政の壁は厚い。「行政は基本的に管理しやすい建物や設計をしたがる傾向がある。それに物質的な面での支援はわかりやすいので受け入れてくれるが、心のケアを支援するようなものは基本的にタッチしないし、理解してくれない」と高崎さんは嘆く。しかし南相馬の避難所の1つ、原町二中の責任者で市の職員である星さんの理解などもあり、高崎さんと平澤社長の協働プロジェクトである「こころシェルター」を、6月初旬に設置。さらにもっと開放的な空間になった「こころシェルター」第二弾を、7月下旬に設置した。

「こころシェルターの第一弾は心の拠り所となる私の空間だったが、第二弾は、みんなの日常生活の拠点として、交流と共有の空間『こころシェルター・コミュニティ』を被災者と共に造り、無事に設置することができた。避難所のみなさんが喜んでくれて大変うれしかった。本当にこの仕事をしてよかったと心から思った」と高崎さん。

「津波被害はもちろん、先の見えない原発問題に苦しむ南相馬の人たちに、今、最も必要なのは心のケア。『こころシェルター』が何かのきっかけになってくれれば」と平澤社長。

「避難所にいる方には『絶望』と『希望』の2つの心がある。厳しい避難所生活の中で、少しでも人間の尊厳を取り戻す空間に身を置いてほしい」と高崎さん。

設計は高崎さんが行い、建材はADワールドが提供してできた「こころシェルター」は、避難所のダンボールのひどさを見て、「何かをしなくては」と思った1人の建築家の結晶だった。

原発被災地の苦悩は計り知れない。それは原発圏内に本社、工場があった平澤社長が身を持って実感している。でもだからといって何もしないで、手をこまねいているわけにはいかない。自分たちが得意とする分野で、できることから始めることで、被災者の心の中にある「絶望」と「希望」のうち少しでも「希望」を多くしていくことが、苦難を乗り越え、脱原発後の新たな社会デザインを描く原動力となるのではないか。ゴールは遠くとも、生きていくために今、何をするか。何ができるか。その積み重ねが絶望を乗り越える唯一の希望であると感じた。

5 ジャンケンだって被災地支援！

「トイレに行く暇すらなく、ずっとジャンケンして疲れちゃいましたよ！　でもこんなことでも被災地の役に立てるって、はじめて知りました。自分にもできることあるんだなって」

南相馬市の避難所で2011年7月24日に行われた避難所祭りでのこと。被災企業でもあるA

避難所祭でのジャンケンの様子（2011年7月24日撮影）

Dワールドの平澤社長と、その社員の庄子君は、このお祭りに出店するために、私と建築家の高崎さんとともに、東京から避難所に来ていた。

庄子君は震災の時に愛知にいた。だから東京にいる人ほど、地震の大きさや地震による混乱は実感してないという。しかも被災地に行くのもはじめて。「被災地に行って自分は何をするのだろう?」と、ちょっと不安に思いながら、平澤社長とともに同行していた。

ADワールドは、このお祭りでは、ボールすくいと景品をあげるジャンケン大会の出店をしていた。これが大盛況だった。子供たちがひっきりなしに訪れる。お祭りの出店は食べ物関係ばかりで、子供向けの店が少なかったからだ。庄子君ともう1人若手社員小野君とで、大挙して押し寄せる子供たちと、ひたすらジャンケンを行い、勝った人に景品をあげるという作業をずっとしていた。「ねえ、もう1回、ジャンケンしてもいい⁉」と子供たちは何度も何度も並ぶ。お祭りはみなボランティアだからお金はとらないから、もちろん何度でもできる。そんなわけで夏の炎天下の校庭で、彼は何時間も子供たちとジャンケンをしていた。

「ちょっとトイレに行こうにも行けないし、ちょっと休んで食事でもしようものなら、早くジャンケン！　とせがまれる。もう大変でしたよ〜」と言いながら、庄子君はとってもうれしそうな顔をしていた。

「被災地の避難所に自分なんかが行っていいのだろうかとか、何もしてあげられないけどどうなんだろうとか、行く前にいろいろ考えていたけど、ジャンケンするだけでも被災地のためになるんですね。そんなこと、思いもしなかったけど、来てみて実感しました。自分が何かの役に立ててうれしい」と、ちょっと涙をうるませながら、感慨深げに語っていたのがとても印象的だった。

被災地に行くなんて迷惑だ。自分は何もできない。災害ボランティアの専門家とか、医療の専門家しか行くべきではない。そんなおかしな言説が常識化され、それが被災地に行かない「言い訳」として利用されたり、被災地に行きたいと思っている人を遠ざける要因になっていた。

でも一度被災地に行けばわかる。いくらでもやることはある。どんなことだって役立つ。たいした技能や知識がなくたってできることはたくさんある。行けばいいんです。行くだけで、被災者の方から話を聞くだけだって、子供のお守りをするだけだって、それはとてつもない支援になる。

1000年に1度の危機。今は100の言葉より1の行動でしょう。目の前に困っている人がいる。未曾有の大災害が起きた。その現場を見ないで、そこに行かないで、一体この先の日本の何を語れるのだろう？

もちろん家族や仕事の事情で、行きたくても行けない人も多いと思うし、そういう人は仕方ないけど、物理的に行ける条件にある人なら、物見遊山でいいから現場を見に行ったらいい。そしてもし何か手伝えることがあるなら手伝ったらいい。

3月末からいわき市の避難所支援を行っていた、東京のNPO法人・響きの森ネットのメンバーの1人、上田泰正さんは、被災地に行って人生が変わったという。

「炊き出しするぐらいのつもりで、4月はじめに避難所に行った。そこでたまたま被災者の方から、家に残っている思い出の品を探したいから、津波被害のあった場所に連れて行ってほしいと言われた。まさか津波被害の場所に行くことになるとは思ってもいなかった。でもその被災者の方と一緒に行き、家が完全に流されてしまったため、家の場所を探し、瓦礫の山から思い出の品を探そうと、自分の手で瓦礫をどかしはじめた時、自分の中で何かが変わった。自分でも役に立てることあるんだ。テレビでは見ていたけど、こんなひどい惨状にあった人たちに対して、何もしないで見捨てるなんてできない」

震災直後はどんなことでも役に立つ。ジャンケンするだけでも被災地のためになる。

6　遠くからでも継続的にできる自立支援を

どこにでもいる普通の主婦が、①現地に行かなくてもできる、②継続的にできる、③自立支援に役立つという3点を実現した支援を見事に行っている。それが鎌倉在住の梅津加代子さんだ。

梅津さんは東北出身ではない。ボランティア経験があるわけではない。どこにでもいる普通の主婦だ。でも「あれだけの災害が起きたにもかかわらず、義援金だけでいいのだろうか？」と多くの人が思うであろう疑問を持ち、自分ができることはないかと考えた。

「義援金だけでいいわけなんかない。何かやらなければ自分自身が後悔する」

そこで思いついたのが東北の物産を販売することで、被災地の自立支援を手助けすることだった。自分で物の販売をやったことなどこれまで一度もなかったが、２０１１年7月末から20回以上も、さまざまな地域イベントなどに出店して販売を行った。

「現地に行くには時間もかかるしお金もかかる。若い人と違って自分にやれることも限られている。一発打ち上げ花火みたいな支援の仕方にも疑問を持っていた。現地に行かなくてもできること。継続的にできること。かつ自立に役立つ支援になること。この３つを実現できるのが物産展だった」

被災地には２０１１年6月ほか二度行っただけ。その後はずっと地元鎌倉で物産展支援を続けている。はじめは販売する物を仕入れるルートがなかったが、横浜の岩手県人会など、様々なルートから仕入れるようになり、今では60～70品目を扱うまでになった。

高台で難は逃れたものの町がほぼ全滅し、販売先が少なくなり困っていた岩手県陸前高田市の障がい者施設「あすなろホーム」からも物を仕入れて販売するなど、被災者支援にとどまらず、障がい者の自立支援にもつながる活動にもなっている。

しかし物産の仕入れ、販売、会計まで、すべてを1から企画したことのない梅津さんの活動は、

東北物産展を行う梅津さんと娘さん（2012年1月14日撮影）

はじめからうまくいっていたわけではない。まず一時、収支でマイナス40万円になってしまったこと。物産は委託販売ではなく、梅津さんが全額買い取りで販売しているため、売れ残った賞味期限の切れた食品などは赤字になる。物産展の活動はできるようになり、無我夢中でやっていたものの、自腹でこれだけのマイナスを抱え込んでしまったのでは、継続的支援などできない。回を重ねるごとに、売れる物／売れない物の見極めや、適切な仕入れ数を考え、２０１１年後半になんとか挽回し、収支はとんとんになるようになった。

もう1つの問題は、継続的に行う場所がないこと。何かイベントがある度に、そこに参加し出店するということを繰り返していたが、定期的に同じ場所で販売ができるところがないと、継続的な支援が困難になってしまうと考えていた。しかし場所問題にもメドがついた。２０１２年から、鎌倉駅すぐそばにある鎌倉生涯学習センター前で、毎月第二土曜、第四土曜に物産販売ができることになったのだ。梅津さんほか鎌倉で同様の支援を行っている他の団体と協力し、人通りがとても多い、絶好の場所で定期的に販売できる機会を得ることができた。

本当に素晴らしい支援の仕方だと思う。個人でできる義援金なんてたかがしれている。でも物産販売をしたことで、梅津さんはこれまで数百万円を売上金として被災地に送っている。しかも単に一方的にお金をあげているのではない。被災者が作った物を販売している。被災地で必要とされているのは、仕事や生きがい。ただ何もせず物を恵んでもらうだけでは、自分がみじめになる。みじめになるだけでなく、ボランティアに依存するようになってしまい、自分の足で立てなくなってしまう。

しかし物産販売なら、自分たちが作るという仕事が発生し、そこに対価がつきお金をもらうという形。理想的な支援だと思う。これを一介の普通の主婦がやっているということがすごい。

「これまで会社勤めをして経験していたことが、この物販販売にすべて役立っている」というが、すべてを自分でするのははじめてであり、仕入先の確保、在庫管理、場所の設置、イベント告知、会計管理、接客対応など、相当手間や面倒があるはずだ。

「ほんとに大変です。でも楽しいから苦にならない」と梅津さん。自分がしたいことをしているからこそ、今までやりもしなかったフェイスブックやツイッターも、率先してやるようになった。大学生の娘さんはお母さんがフェイスブックをはじめると聞いた時、「ウソ、マジでやるの?」とたいそう驚いたそうだ。目的なく手段(ツール)にばかり追われる人が多い中、梅津さんはやりたいことが明確だから、それに必要なツールをうまく使いこなしているのだと思う。

家族の協力もあり、お父さんや2人の娘さんも販売に加わっている。2012年1月に鎌倉生涯学習センター前の物産展に行ってきたが、鎌倉に来た観光客や地元の人などものすごく人通りの多い場所。販売は大盛況だった。

売っているものはほとんどが食べ物。岩手県が中心で、あとは宮城の気仙沼の物が多い。南部せんべい、気仙沼工房のパン、岩手のゆべし、クッキーやケーキ、海苔などが売れ行きがいい。ただ福島県産がないとはいえ、東北の食品には放射能という問題がつきまとう。もちろん東北すべての食品が危険なわけではないし、というより東北産でなくても関東で出回っているものだって危険な可能性があるものは十分あるが、気にする方は東北食品をあえて今、買う必要はないと思うし、小さな子どもがいる家庭は、食べないに越したことはないと思う。

実際に私が物産展の販売の手伝いをしていた時、東北の物産展と気づかず（大きなのぼり旗があるが気づかなかったようだ）、「煮ぼし欲しいんだけど」と言われて販売しようとしたら、「これってどこの産地？」というので、「宮城県の気仙沼です」と答えると、「じゃあいらない」と態度を急変させて帰っていった60歳前後のおばさんもいた。

食品の放射能問題はどこまでが風評被害でどこまでが実害被害なのかは難しいが、私個人からすれば、60歳以上の方こそ、率先して東北の食品を買って支援したらいいのではないかと思う。

7　画期的な「避難所同窓会」

震災から半年が過ぎ、自粛ムードから一転して、何でもかんでも〝復興イベント〟と称したお祭り騒ぎが数多く開催されている。「それってホントに復興のためのイベントなの？　単なるお金の無駄遣いじゃないの？　企画者の自己満足じゃないの？」みたいに思えてしまうものも多い中、２０１１年9月24日に福島県いわき市の平工業高校で開催された「避難所同窓会」は、非常に画期的なイベントだった。

避難所同窓会とは、避難所が閉鎖され、仮設住宅や借上住宅などに移ってバラバラになってしまった被災者の方々を集めた会という意味。いわき市中心部の平工業高校の体育館では、津波被害で壊滅的な打撃を受けた薄磯・豊間の2地区の人たち約２００名が避難所生活を送っていたが、6月19日に平工業高校の避難所は閉鎖された。被災者のほとんどが仮設住宅や借上住宅などに移ったからだ。それから3ヵ月。津波被害者は慣れない仮の住まいで多くの不安を抱え、近所づきあいも少ないまま、新しい生活を始めており、それをどう支援していくかが課題となっていた。

被災者の方々は不安や悩みを打ち明けようにも、近所にいた人たちはみなバラバラに散ってしまった。周囲に住んでいる人は見知らぬ人のため、孤立感を深めやすい。避難所での集団生活はみんな一緒にいるので不便な反面、安心感もあった。しかしそれぞれが個別の生活になると現実を直視せねばならず、物がないとかお金がないといった切実な問題をこれまで以上に思い知らさ

避難所同窓会の様子（2011年9月24日撮影）

れることになる。社会や地域とつながっていない自分の立場から精神的にも追い込まれやすい。

そこで3月26日以来、避難所の運営・支援を行っていた、東京の文京ボランティアグループ・響きの森ネットが、この同窓会イベントを企画した。ボランティアグループのリーダー、加藤良彦さんは言う。

「避難所が閉鎖されて以降、被災者の方々から、またみんなで集まりたいという声を多く聞いた。そこで津波被害・避難所暮らしという同じ境遇の人たちを集めて情報交換ができる、〝小さなコミュニティづくり〟のきっかけとなるのがこのイベントの目的」

同窓会に集まったのは約50名の被災者の方々。被災者にこの同窓会イベントについて話を聞くと、「久々にみんなに会えるこの機会がすごく楽しみで、前日からワクワクしていた」「今は周囲に知っている人が誰もいないので、さみしくて仕方がない。知っている人たちと再会できるのがうれしい」といった声が多かった。11時から始まるのに、「そんなイベントやるならぜひ手伝わせてほしい」と、9時過ぎには被災者の何人かが来て、自ら厨房に入って調理を行っていた。避難所にいた小中学生の子供たちも10名ぐらい集まってきていて、開催された高校の合宿所に泊まりこみ、昼過ぎから深夜まで、子供同士で無邪気に遊んでいる姿も見られた。

ある被災者の方は、「他の避難所の人に避難所同窓会があるって言ったら、すごくうらやましがられた。そんなイベントやってくれるところなんてない」と言われたという。なぜできないのか。被災者の新居の連絡先を控えていると

同窓会を企画した響きの森ネットの加藤さん（2011年9月24日撮影）

ころが、自治体以外はないからだ。響きの森ネットでは、4月末頃から避難所から出ていく被災者の連絡先を任意で聞いていた。

「被災者の支援は避難所だけで終わるものではない。むしろ避難所を出てからどうフォローしていくかが大事。阪神大震災では避難所後の孤独死が大きな問題となった。そうしたことを少しでも防いで、生活再建・自立支援のお手伝いをするには、連絡先を聞いておかないとできないことに気づいた」（加藤さん）

個人情報保護の壁があり、ボランティアが避難所後の被災者支援をしたいといっても、自治体から被災者の連絡先を聞き出すことは不可能に近い。響きの森ネットは4月末時点で、すでに避難所閉鎖後の先を読み、早めに手をうっておいたからこそこうしたイベントができたのだ。

ボランティアの多くは、目の前の短期的な支援だけに目を奪われて、2ヵ月、3ヵ月先はどうなるのか、1年先、2年先はどうなるのかといった長期的な予測をしていない。だから時に場当たり的な支援になってしまう。そして単なるお祭り騒ぎの、誰のため・何のための支援だかよくわからないけど、復興と名がつく一発イベントに労力をかけすぎてしまう。響きの森ネットのように、被災者・被災地には何が必要かを、俯瞰した視点と長期的な時間軸で考えている人たちもいた。

数ある「?」と思ってしまう復興イベントの中で、この避難所同窓会が優れているのは、①誰もが来られるオープンなイベントではなく、避難所にいた津波被害者だけを集めるというクローズなもので、「誰を支援するのか」「誰のためのイベントなのか」という点が明確なこと。②被災者が今欲していて、かつ自分たちではできないことを行い、この先、過度にボランティアに依存することなく、自立につながる機会づくりというイベントに徹していること。③無駄にお金をかけていないこと。④被災者の方々が望んでいることを絶妙なタイミング（新生活を始めて約3～4ヵ月）で行っていること。⑤イベントに参加している被災者の人数が、ボランティアスタッフの人数よりはるかに多いこと――などが挙げられる。

この避難所同窓会は非常に地味だ。メディア受けしないイベントといってもいい。何の変哲もない高校の合宿所で、11時ぐらいから25時ぐらいまでただ集って話をしているだけで、「絵になる」派手なイベントなど1つもない。子供たちが楽しく遊んでいるのは、100円ショップで買ってきたシャボン玉や風船、スーパーで買ってきた普通の花火ぐらい。あとは合宿所のふとんの上で、修学旅行みたいに大暴れしているぐらいの話。何百万円も集めて大掛かりな花火大会などしなくても、ボランティアの自己満足なのかどこぞの誰かも知らない自称アーティストを集めて被災者に歌を聞かせるより、こんなささやかなイベントで十分なのだ。

ここに来た被災者の方々が、まさにこんな機会が欲しかったと口を揃えて言う。誰のため、何のための支援かが、実にはっきりしている。その意味では、大掛かりな復興イベントなんかよりはるかに意味のある、かつ費用対効果に優れたイベントではないかと私は思う。

もちろん完璧ではない。むしろこうしたイベントに参加しなかった被災者こそ孤立している恐れもあり、支援すべきだという意見もあるだろう。でもそのような人にはどんな復興イベントをやっても無駄だ。それはそれで別のアプローチを考える必要があるだろう。

何よりもうれしかったのは、ここに来ていた被災者の多くが、「避難所同窓会がまた1年後くらいにもやれればいいね」と話していたことだった。私はてっきり「3ヵ月後」とか「1ヵ月に1回」とか、言うのかと思った。でもここで同じ境遇の者同士が連絡先を交換し合えば、別にこうしたイベントをしなくても不安や悩みは相談できるだろうし、情報交換や気分転換も気軽にできる。

今、復興と称したイベントが多く開催されているが、あらためて本当に復興の役に立つのか、そんなことを今する必要があるのか、開催の仕方や内容を変えた方がいいのではないのか、費用対効果に見合っているのか、考えるべきだと思う。時間とお金とマンパワーが無限にあるわけではないのだから。

8　震災前の姿を収めた写真集

なぜわざわざお金を出して、ガレキの風景写真集を買わなければならないのか？　もう破壊的な風景はうんざり。震災前の美しい故郷の写真がみたい……。

2011年8月、仙台から1通のメールが私宛てに届いた。被災する前の石巻市の日本製紙工場の写真を『みやぎ思い出写真集』に提供してくれないかという申し出だった。その写真集は企業協賛や個人サポーターの協賛によって、被災者に配布される。趣旨に賛同し、写真を提供。完成した写真集が先日送られてきた。

写真集を企画したのは、仙台市内にある広告制作や出版物の制作を行う南北社。この企画を担当した方は仙台在住だが、実家が石巻市にある。生まれ育ったのも石巻で、日本製紙工場でも働いていた。実家は高台にあったため、石巻市内では奇跡的に津波被害にあわなかった。だが、家のすぐそばは壊滅的な被害が広がっている。両親の安否を確かめるため、震災から約1週間後、仙台から自転車で往復12時間以上かけて行った。

石巻にたどり着くまで、嫌というほど悲惨な、無残な光景を目にした。そして石巻でも、自分がかつて暮らした町が、あとかたもなく消え去っているのを目の当たりにした。仙台市内は震災当初、ライフラインが止まり、物資も不足し、大変な混乱状態にあった。しかし1ヵ月、2ヵ月と過ぎると、次第に回復していった。

「若い女の子の靴を見ているとその変化がよくわかります。震災当初はみんな歩きやすいスニーカーなどだったが、震災から日が経つにつれ、ミュールやハイヒールに変わっていく。その人数が増えていく度に、震災からずいぶん日が過ぎたのだなと思います」

書店には東日本大震災コーナーができ、新聞社や出版社から震災写真集が続々発売された。嫌というほどガレキの風景を眺め、しかも未だ実家のある石巻はガレキが片付かないなか、「1500円とか2000円出して、わざわざ震災写真集を買いたいと思わない」と考えていた。

インターネットで偶然、震災前の石巻の風景写真を見ると、胸がじんときた。その時、思った。そんな思いをしている人はいっぱいいるのではないか。震災前の写真集を出せないだろうか？

出版物の制作なら本業だ。ただ1000円とか1500円の定価をつけて売るのではなく、被災者の方を勇気づけるきっかけになるよう、写真集支援の形をとれないだろうかと思った。こうして「みやぎの思い出写真集制作委員会」が立ち上がり、協賛を集めたり、無償配布する被災者の数を調べるなどして、2011年10月に完成した。

「震災前の写真集なんて自己満足といわれれば、それまでかもしれません。震災前の風景だって思い出したくないという被災者の方もいるかもしれません。すべての人が喜ぶものではないとは思います。でもこの写真集を見て、もう一度がんばろうって思ってくれる方がいればいい。何か復興のきっかけになる支援がしたかった」と、南北社の別の方は話してくれた。

「自己満足かもしれない」「みんなが喜ぶものではない」「でも喜んでくれる人がいるからやりました」というのは本当に被災地のことや復興のことを真剣に考えている人だなと思った。

以前、私があるボランティアの行動を批判したら、「みんな喜んでいる」「地元の人はみんな望んでいる」「批判している人なんているはずがない」みたいにばっさり切り捨てられた。ああ、だからこのボランティアはダメなんだなと思った。万人が喜ぶ支援などあり得ないという、当たり前のことから出発していないから間違うんだなと。そもそも住民全員の意見を聞くことなど誰にもできない。

でも南北社さんは違った。喜ぶのは一部の人かもしれないけれど、自分たちが信じたことをしよう、自分たちができることをしようと立ち上がった。それがこの写真集だ。

みやぎ思い出写真集『海と風と町と』

「号泣して喜んでくれる被災者の方もいました。震災前の家が写っている。がんばろうって。そんな被災者の喜びの声を聞くと、作ってよかったなと思います」

この写真集は県外ボランティアや企業が机上の空論で企画したものではなく、「被災者」自らが企画者だったことが大きいように思う。自分だったらこんな写真が見たい。それが形になったのだから、同じ思いを持つ被災者の方は多くいるだろう。

写真集は約5万部制作し、約3万部を被災者の方に無償配布。約1万部を協賛関係に。そして残り約1万部が一般販売分で、仙台市内の書店やローソンほか、「みやぎの思い出写真集制作委員会」のホームページで購入できる。仙台市内の書店に立ち寄ったが、やはりこの写真集が販売されていた（525円）。たくさんあるガレキ写真集と同じコーナーに。

「まだ一般販売分の在庫はあります。ボランティアで宮城に来た方は、ぜひガレキ前の美しい風景も見てください。また違った形で被災地の見方が変わってくると思います。一般販売分は3850部を超えた時点で収益が発生するので、その際は1冊につき約300円を寄付する予定です」

今回、多くのボランティアが被災地を訪れたはずだ。しかし被災前に訪れた人はごくわずかではないか。ガレキになる前の景色を見れば、被災地への思いが変わるのではないだろうか。

「支援のあり方も変わってきて、今までのようにボランティアの方にしていただく作業は少なくなったかもしれない。ただ、被災地のことは忘れないでほしい。そっと見守っていてほしい。時々思い出してほしい」とある被災者は言う。

「みやぎ思い出写真集」は、被災者のためだけではなく、ボランティアの「思い出写真」になるかもしれない。

9　「四重苦」の街でふるまわれるコーヒー

福島県いわき市久之浜のある酒屋さんは、酒屋なのに来たお客さんに無料でコーヒーを出している。しかも酒や酒のつまみを押しのけるように、店の大半は大量の服が置かれている。この店

他地区に比べてガレキ処理が遅れていた久之浜（2011年5月15日撮影）

は一体……。

２０１１年5月に久之浜を訪れた時のこと。久之浜は震災被害の四重苦を味わっている場所だった。四重苦とは、地震、津波、放射能、泥棒の4つである。原発から30㎞ぐらいの場所。避難区域や屋内待避区域には指定されてはいないが、原発からあまりにも近い。そのせいか、久之浜駅前に車を止めたが、駅前に残っている家に人が住んでいる気配がほとんど感じられない。倒壊した建物の泥棒被害への警戒を含め、今日の放射線量を連呼しながら巡回している車がひときわ目立つ。

この酒屋さんは倒壊することもなく、津波も床上浸水で済んだが、店から50ｍほど先を見れば廃墟が広がっている。津波被害で完全に街並みが失われてしまったのだ。今回の震災で皮肉にも有名になった、「陸前高田」「大船渡」「石巻」「気仙沼」と同様、津波による被害で、町が壊滅的になった場所だが、残念ながら福島の津波被害エリアはあまり報じられることはない。なぜなら福島のニュースといえば原発ばかりだからだ。

震災から２ヵ月でもこの状態（2011年5月15日撮影）

商店街の大半は津波被害にあって家がなくなった。ご近所さんも同様。そんな中、店を営業し始めた。営業といっても酒屋としてではなく、コミュニティセンターとして。

「津波の床上浸水で冷蔵庫もやられてしまい、地震で棚から酒も何本も落ちてしまい、そもそも周囲にお客さんもいないから、酒屋としてはもう商売にならないです。でも津波被害にあって避難所に行っている人たちが、おしゃべりしたいってうちにわざわざタクシーに乗って、来てくれたりするんです。久之浜の人は避難所がバラバラになっちゃったこともあって、地元の人と話がしたいんですよ。だから店を開けて、来たお客さんにコーヒー出してるんです」（酒屋さん）

店に行った時には、酒屋の奥に話ができるよう小さなテーブルと椅子が置かれており、手際よくコーヒーを出してくれた。長い避難所生活で、地域の人たちが離れ離れになってしまい、家もなく、仕事もなく、先行きが不安な状況で、慣れ親しんだ人と話がしたいと思うのは当然だろう。でもその場がない。そんな避難者の集いの場として、幸いにして家の倒壊を免れた酒屋がその役割を担っている。

店に入って不思議なことがあった。大量の服が置いてあることだ。

「避難所の人とか近所の人とか、服がないっていう人が結構多くて、それでボランティアの方などから送っていただいた服を店に置いておき、来たお客さんに配っているんです」

実際、私が店を訪れた際、何人ものお客さんが来て、自分に合う服を探して持っていっていた。

倒壊を免れた家の人は放射能により一時避難はしたものの、また住もうと考える人が徐々に戻ってきたという。いわきからの電車は幸いにして、震災から2ヵ月過ぎた5月14日に復旧したが、営業している店もないのでは、結局、住むことが困難になってしまう。そこで倒壊してしまった店や生き残った店も含め、小学校の敷地で仮設商店街をしようと動き始めた。

ただ問題は津波被害により側溝にたまった泥。泥をかきださないことには水があふれてしまうので、ライフラインは復旧しても水を使えないでいる。

「それで支所にボランティアの人に20~30人ぐらい来てくださいって頼んだんですよ。でも来てくれたのは5人。それはそれでありがたいんですが、大人数で一斉に泥のかきだしやらないと、店の前だけかきだしたところで、水は流れずたまっちゃうんですよね……」

結局ここでも人手がいるにもかかわらず、「ボランティアは足りている」とか、岩手や宮城に集中して福島にはほとんど来ないとか、自治体がボランティアをさばききれないとか、他の自治体に来たボランティアの人数調整の連携が皆無に等しいとか、様々な弊害によって、ボランティアしたい人はいるのに断られ、でも現地では足りていないというおかしな状況があった。ただ冷徹な考えかもしれないが、この地区の人たちの〝本当〟の支援を考えた時に、今必要なのは側溝の泥かきをやることなのだろうかという疑念はある。ずさんな管理が明らかになった原発に極めて近く、しかもこの先、さらなる原発事故や放射能漏れの可能性もあり、今後住めなくなることも十分考えられる。

そう考えると、今この酒屋さんの気持ちを汲んで、泥かきをしてここで暮らせるようにすることより、もしかしたら地区ごと、原発から離れた別の場所への移住を勧めることの方がいいんじゃないかという考え方もある。原発さえなければ、大津波に備えた堤防を作るなり、海沿いから高台に家を移すなりして、ここで復旧・復興ができただろうに……。

とはいえ、この酒屋さんが営業再開したことで、津波被害で避難している人たちや、家が残った人たちの心の拠り所になっていることは間違いない。それは本当に素晴らしいことだと思う。

こんな状況だからこそ、商売にならなくても店を開け、常連客や地元の人たちのためになることをしている人たちがいる。被災地であっても物事を後向きに考えず、いつまでも過去ばかり見ていず、この先の未来に向けて少しでも一歩を踏み出そうと、今自分たちができることをしている人たちがいる。そういう人たちをいい形で支援できたらなと思う。

第4章　自己満足ボランティア

1　復興イベントの大量の残飯

「ねえ、記者さん、この肉、食べ残すほどそんなにまずいかね？」

ゴミとして捨てられた食べ残しの肉や魚、おにぎりを、残飯から拾い上げてひたすら食べている人がいた。避難所となっていた福島県いわき市の学校のある先生だった。

2011年7月2日。福島県いわき市塩屋崎灯台下の駐車場にて、ボランティアが企画した復興イベントが開催されていた。この灯台から北を眺めれば、家の約9割が津波被害にあい、壊滅的な惨状になっている薄磯地区が。灯台から南を眺めれば、家の7～8割が津波被害にあった豊間地区がある。津波被害にあった両地区の人が集まるには象徴的な場所だった。

震災から約4ヵ月が過ぎ、いわき市の被災者の多くは、避難所から仮設住宅や市の雇用促進住宅などに移った。このため、集落に住んでいた人がバラバラになってしまい、孤立感を深めている可能性がある。そこで、いわき市の平キリスト福音教会（グローバル・ミッション・チャペル）が中心となり、津波被害2地区の接点ともいえる場所で、バーベキューイベントを企画したのだ。

このイベントに協力していたのが学校の先生。ゴミの分別作業を手伝っていた。イベントではおいしそうなバーベキューの数々がふるまわれていたが、イベントに来た人の多くが、食べ残しをしていた。それを先生はゴミから拾い上げて食べていた。

復興イベントでの残飯（2011年7月2日撮影）

「記者さん、しっかり事実を伝えてください。これが被災地の現状ですよ。この肉のどこがまずいんでしょう？」

先生は残飯の中からステーキを取り出した。

「記者さんも食べてみてください。私の舌がおかしいのかどうか」

残飯のステーキを手づかみで食べることに抵抗がなかったわけではないが、先生がおいしそうに食べているのを見て、私も手を伸ばした。見た目は硬そうに見えるが、食べてみると実に柔らかくてジューシー。想像以上においしかった。これが焼きたてならもっとおいしいに違いない。

「柔らかくてすごくいい肉使っていると思いますよ。にもかかわらずこんなに食べ残している。これが被災地なんですよ。ボランティアから与えられることに慣れきってしまった、いわばボランティア漬けの状態になっている。この肉だって誰かがお金を出して仕入れて、わざわざここで炊き出ししてくれて、そしてみなさんに無料でふるまっている。そう考えたら、食べ残しなんてできないんじゃないですか？　でもこうして平然と残してしまう。これじゃ、復興なんかできるわけがないですよ」

普通に生活していれば、物を手に入れるためにお金を払う。しかし震災による被災という状況の中、世界各地から無償で大量の援助物資が送られてきた。無償でいろんなことをしてくれるボランティアも多い。こうした状況が4ヵ月も続けば、確かに感覚がマヒしてしまうだろう。もらえて当たり前。もらえるものを選り好み、感謝の気持ちは薄れていく。

イベント自体が悪いわけではない。むしろタイミングを得た企画だと思う。私も午前中に被災者を取材して話を聞くと、やはり集落の人たちがバラバラになってしまい寂しさを訴える人が多かっただけに、こうしたみんなが集まれる企画というのが、今後は重要になってくるはずだ。このイベントを企画した平キリスト福音教会の牧師さんはこう話してくれた。

「今までは避難所を中心に支援活動をしていればよかった。しかし避難所から出ていった被災者の方々が多い今、みんなが顔を会わせられる機会をつくることで、被災者をフォローしていくことが必要だと思い、こうしたイベントを何度か開催しています」

今回のイベントには、日本人だけでなくアジアの方々や西洋人の方々も手伝っていた。

「もちろん、現時点では先が見えない状況で、イベントを楽しめる余裕がないと思う被災者の方々もいるかもしれない。本当の苦しみはこれからだと思う。でもだからこそ、こうしたイベントがあり、被災者同士が集まれる場が必要なのではないでしょうか」

このような素晴らしい考えに賛同し、イベントの手伝いをしていた先生はこんなことも話してくれた。

「今、ここに来ている人たちは、多分そんなに被害状況がひどくない、物見遊山の地元の人たちが多いはず。本当に苦しんでいる津波被害者の人は、ここにはあまり来ていないと思う。だからこんなに平然と食べ残しができるんです」

先生の言葉を裏付けることにすでに出くわしていた。薄磯地区で津波被害により、船も流され、家も床上浸水して住めなくなってしまった漁師さんをこのイベントに誘ったのだが、強烈な拒否反応を示した。

「おらの姉さんのだんなさんの遺体も見つかっていない状況でよう、復興イベントなんて参加できっか？　おらはそんな心境にはなれねえべ。ボランティアの人にも誘われたけどよう、きっぱり断ったからな」

彼は被災者のなかでやや屈折した感情の持ち主ではあるので、割り引いて考えなくてはならないが、「まだ復興イベントなんて心境になれない」という被災者がいるのは確かに違いない。現に午前中に取材した何世帯かの人たちは、このイベントを知っていながら参加は見合わせていた。だからこそ先生が言うように、ここに来ている人たちは高価な肉や魚を平気で捨ててしまえる人が多いのかもしれない。

「遠くから来たボランティアに頼るんじゃなく、これからは地元の人たちで復興を盛り上げていかなくてはいけない。復興を果たすために一番大事なのは、人間の気持ち。自分で何かをしていく自立心がない限り、ボランティアに頼りきっている限り、復興はできない」と先生は力説した。

それにしても「復興」「復興」と言うけれど、様々な心の問題がある今、そう簡単に「復興」とはいかない現実があることを思い知らされた。震災から4ヵ月。明らかに震災直後の支援のフェーズとは変わってきた。一方的に与えるだけのボランティアではなく、被災者自身の自立を促すような支援が必要な段階に変わりつつある。復興の道のりは未だ遠い。

2 イベント好きボランティアにうんざり

「もういい加減、子供に何でもあげるのはやめてほしい。毎月のようにイベントするのもしないでいい。これだけの震災が起きたのだから、子供たちに我慢させることも教育」と福島のある学校の先生が嘆いているという話を聞いた。

被災地の自立支援ではなく、自己満足のボランティア中毒者が、避難所なき後、被災地で熱中しているのがイベントである。花火、ハロウィーン、クリスマス、お正月イベントなどだ。

特に子供向けイベントが楽しい。イベントをすれば子供たちはまず喜ぶ。自分たちが企画していても楽しい。イベントにかこつけて子供たちにあげるプレゼント作りやプレゼント選びもおもしろい。そこに普段の仕事では得られない生きがいややりがいを見い出し、被災地ボランティアに夢中になってしまう。

2011年3月下旬から被災した幼稚園や学校の子供たちに、ハンドメイドの給食袋、体操着袋など、入園・入学グッズの支援を行ってきた千葉在住のボランティアの女性Aさんは、イベント企画に熱心になるボランティアに懐疑の目を向ける。

「今までハンドメイドの入園・入学グッズの物資支援は相当やってきており、もう必要ないといわれる学校も増えてきた。でも一度関わった被災地をつなぎとめておきたいという思いから、緊急性のない、必要性があるかわからないイベントを企画し、そのグッズを無償支援しているボランティアに違和感を覚えている」

そうしたイベント好きボランティアに、「それは自立支援にはならないのではないか?」「先生たちは、あげすぎは子供の教育によくないと言っているがいいのか?」と注意をしても聞く耳をもたない。「無償でやっていることの何が悪い?」「被災地を見捨てるのか?」「子供たちは喜んでいる」「好きでやっているんだから、他人からとやかく言われる覚えはない」――。こうして現地の先生の「こんな時こそ子供たちに我慢を」という言葉も虚しく、イベントが企画され、プレゼントが贈られる。

「イベントに必要なハンドメイドの品を作るのは確かに楽しい。でもそれが自分たちの自己満足、生きがいになってしまっていて、被災地の自立支援という視点が完全に抜け落ちている。やり過ぎればかえって被災地の自立復興を阻害しかねない」とAさんは指摘する。

最近は一部の「被災者」が物資支援の選り好みをするようになったという。物がなくて困っていた震災当初は、支援してありがたがったものを、今はもう受け取らず、どんなものも新品でデザインがいいものを欲しがる人もいる。

「物資支援にはきりがない。なくて困っているのではなく、今あるものがイヤだという人は、無償であげるのではなく購入してください、と最近では言うようにしている」

「被災者」がボランティアによる物資漬けに慣れ、あれもこれも欲しいというのを際限なくあげていたら、本当に自立復興などできなくなってしまう。Aさんは震災当初、ボランティアをはじめる際、ある女性経営者から、「ボランティアするのはいいが、絶対に地元の商売のジャマをしてはいけない」といわれたことも、何でもあげることに違和感を覚えている要因になっている。

また、Aさんが子供向けイベントに対して懐疑的なのは、震災当初にこんな出来事があったからだ。学校に支援していた入園・入学グッズは、子供を亡くしてしまった親御さんの分もあった方がいいのではないかと考えたが、先生から「家族を亡くしてそんな状況ではないから、必要な分だけで十分です」と断られた。その時、Aさんは思った。「イベントをすれば被災地には傷つく子供もいるのではないか。父の日や母の日、クリスマスのイベントをすれば、親を亡くした子供に親の不在を思い知らせることになり、心の傷を深めるのではないか」と。そこまで心配する必要があるのかはわからないが、本来なら家族を失った子供こそ心のケアや物資支援をすべきなのに、イベントをして楽しむ子供たちの多くは、確かにとりたててケアすべき子供たちではない可能性が高い。

「ボランティアが余計なことをするのはやめようと思いました。本当に困っている人はまだまだいる。必要かどうかもわからないイベントに労力をかけるなら、間違いなく今、必要とされているものを困っている人に届けたり、ボランティアがなくても自立できるような支援をすべきじゃないか」

Aさんはイベント企画やイベント支援に熱中するボランティアグループとは離れて、今は自立支援に力を入れている。

「私たちがハンドメイドのものを作って被災地に送るのではなく、ハンドメイドのものを被災者の方に作ってもらい、それを私たちが販売代行するという支援に切り替えました。私たちが作って物を送るのではなく、被災者の方に材料とミシンを送って物を作ってもらう。それによって空白の時間を埋めることができるだけでなく、少しでもお金が稼げれば自立のきっかけにもなる」

そうした支援をぜひしてほしいという被災者は、「自分たちが稼げるようになったら、支援してもらった毛糸代もミシン代も必ず返しますから」といってくれる。ところがこうした話に興味がないところほど、あれもくれこれもくれ、まだ足りないと物資を欲しがるという。ボランティアの行動によって、被災者の気持ちが大きくねじ曲げられているのだ。

「被災者の気持ちが前向きにならなければ復興なんてあり得ない」と多くの人がいう。しかし今、一部のボランティアがやっていることは、被災者の気持ちを前向きにさせるどころか、ボランティアに言えば何でもくれると、復興の自立心を立ち止まらせてしまっていることになってはいないか。だから「好きで無償でやっているのだから、他人にとやかく言われたくない」という反論は成り立たない。復興をむしろ阻害しているのだから。

今回の震災でボランティアの活躍は目覚しかった。ボランティアなくしてこれまでの「復旧」はあり得ない。多くの被災者の方々がボランティアに多大な感謝をしている。しかしそれは震災直後から数ヵ月の初期の頃の話だ。メディアがもっともらしく、震災直後にボランティアに行ったら迷惑だみたいな話はまったくのデタラメで、災害直後こそ、いくらでもやることはあり、誰でもいいからとにかくボランティアに行けば、大いに被災地に貢献できた。

しかし震災から半年以上が過ぎ、そうした気持ちを引きずったまま、余計な支援をしていないか？　今もなお困っている人はたくさんいる。そこにまだまだ支援をするのは必要だ。しかしいるのかもわからないイベント企画を、ただ自分たちも楽しく子供たちも楽しむからという理由だけで無償支援することが、果たして本当に被災地のためになるのか。

そうしたことを再考すべき時期にきていることを、Aさんの話から痛感させられた。

3　「サークルボランティア」

「今回の震災で日本のボランティアが、これまでとは変わった点は何でしょうか？　また問題点は何でしょうか？」

2011年12月にある記者から取材を受けた。いくつかキーワードが浮かんだが、その中の1つが「サークルボランティアの功罪」だ。

東日本大震災で大活躍したのは「サークルボランティア」だ。サークルボランティアとは、私が勝手にネーミングした言葉だが（学校にある「ボランティアサークル」とは違う）、ボランティア団体でもなく、災害ボランティアの経験があるわけでもなく、企業や町内会といったある組織をベースにしたものではなく、主にネットや口コミを通して、今回の震災で何かしなくてはと個人が集まった、勝手連ボランティア団体（勝手連：あるテーマに賛同する者が、自発的に集まって支援する市民活動の様式）のことだ。

なぜこのような勝手連ボランティアが多数生み出され、大活躍したのか。様々な要因が考えられるが、一番大きな要因は、自治体のボランティアセンターや災害ボランティア専門団体の融通のなさに嫌気がさしたことではないか。

現地で支援をしようと思ったら、多くの人は自治体のボランティアセンターか災害ボランティア専門団体に参加し、被災地支援をしようと考えたに違いない。しかしあまりにも制約が多すぎる。1つはスケジュール。社会人では到底無理な長期滞在やタイトなスケジュール。もう1つは融通のなさ。まるで軍隊の兵隊か工場の流れ作業の一員のように、現地で被災地の被害状況を見ることもできず、被災者と話をきちんとすることもできず、何をするかも自分で決められず、団体が割り振った細分化された作業をただひたすらやらなければならない。

当たり前の話だが人間はロボットではない。感情がある。ひたすら9時から17時まで泥かきだけしろと言われても、モチベーションは続かない。「これは意味がある作業なのだろうか?」「この作業ではなくもっとやるべきことがあるのではないか?」「ここ以外の現場はどうなっているのだろう?」「被災者の方はどう思っているのだろうか?」「そもそも自分はここでこんな作業をしていて安全なのか?」。こうした疑問は自然にわいてくるのが普通だろう。

ただ全体像もわからず、自分の頭で考え行動することも許されず、「ボランティア経験を積んだ賢いリーダーが作業を割り振っているんだから、おまえらは効率よく目の前のことだけをやれ」といわれても、よほど単純作業が好きで、自分の頭を使うことが面倒な人間以外は、自発的な支援活動に疑問を感じたり萎えてしまったりするだろう。

これが軍隊や企業といった組織で来ているならまだいい。命令系統があり、その報酬＝対価をもらっているから、上の命令を言われた通りにやるのは当然だからだ。しかし個人で自発的にボランティアとして参加したのに、金ももらわず、知り合いでも上司でもない人間から、がちがちにスケジュールと行動を管理されたら、イヤになるのは当然だろう。

そこで組織ボランティアのデメリットを感じた人たちが、「こんな団体に参加しなくても自分でできるんじゃない？」と思い、様々なサークルボランティアを立ち上げた。

だからサークルボランティアは非常に個人が参加しやすい。スケジュールは適当で、途中参加などもＯＫ。上下関係はなく、みんな仲間同士の横並び関係。軍隊方式ではないので、疲れたら休んでもいいし、行きたいところがあれば勝手に行けばいいし、行動の自由度が高い。被災者とも直接話せる機会が多く、より現状を知れる。

ただその一方、デメリットもある。活動が何でもありになるため、「それって本当に今、必要な支援活動？」と疑問に思う、自己満足に陥りやすいことだ。仲間内と楽しくわいわいやることが目的化し、被災者ぬきのボランティアサークル化、ボランティアコンパ化しかねない。津波被害のあったエリアに平然と泊まるなど、安全性や二次被害を考えない。時に被災者から反感を買う。

私なんか古い人間なのかもしれないが、サークルボランティアで一番疑問に思うのは、自分たちが活動に行く度に、被災地で記念の集合写真を撮影し、それを堂々とネットにアップしていることだ。まるで大学生のサークル活動か？　ここは仮にも何万人もの人が死んだ被災地なのでは？　しかも写真に写っているのはボランティアばかりで、被災地の人がほとんどいない。

記念撮影を撮ること自体は悪いことではないと思う。それを参加者同士がメールで送りあったり、ネットにアップしても特定者しか見られないような配慮をすればいい。

でもこれみよがしにネットで公開しているのを見ると、「自分たちは被災地でこんなことをやったんだぜ！」というアピールに見えてしまう。ボランティアを集めるためのアピールなら、泥かきしている作業風景の写真を載せればいいし、活動の目的を紹介するなら、被災者の方にご登場いただき、この活動がどれだけ役に立ったかコメントを載せればいいわけだ。ところがみんな楽しそうに、時にはポーズなんかとったりして、ここぞとばかりに記念の集合写真が載っていると、「この人たちって被災地支援がしたいんじゃなく、同じ仲間同士で楽しくわいわいやりたいだけなのか？」と思ってしまう。学生のサークル合宿のノリだ。

あるボランティアの人は、「ああいうのは犬の小便と一緒で、ある種のマーキング行為じゃないか」と指摘していた。ある被災者は若いボランティアが集団で来た時、あまりにへらへらした態度でいたため、「何もしなくていいから帰れ！」と追い返したという。

「津波ですべて流された気持ちなんて、あなたたちには絶対にわからない。わかったふりして同情なんかしてほしくない。わからないのは仕方ないいんだから」

被災者の心はボランティアが思っている以上に、深い悲しみや憤りを持っている場合もある。ただその感情をボランティアに出すのは稀だ。「我慢強い東北人」だからということもある。

一方では、こうした楽しげなサークル記念撮影を堂々とネットに載せていたからこそ、ある人には「ボランティアしたいけど、なんか危険だし大変だしこわそうだ」という人の心を解きほぐし、「こんな楽しそうな感じなら参加してみようかな」と思わせた功績はあると思う。この効果は非常に大きい。それによってこれまで来なかった人を集め、実際にそうした人員の手によって、被災地での作業が進んだことには間違いないのだから。

私は別にボランティアに行く人は、みんな悲壮な覚悟で申し訳なさそうな顔をして、黙々と作業をすべきなんてちっとも思わない。ボランティアは自発で無償である以上、楽しくなければ続かないし、自分のためにならなければ続かない。だから大いに楽しむべきだと思うし、それによって学校の単位をもらったっていいし、自分の社会経験になるのもいいと思う。

ただそれがあまりに度が過ぎると、被災地や被災者や他のボランティアから、「なんだあいつら、遊びに来ているのか」と思われる。ボランティアに何が正しくて何が悪いか決めることはできないと思うし、人によって捉え方は違うだろう。ただ今回の震災では、今までのボランティア団体の欠点から、こうした緩くて楽しげなサークルボランティア団体が大量発生し、一定の活躍をしたというのは特筆すべき事実であると思う。

今回災害ボランティアを経験した多くの「素人」「初心者」たちが、今度どこかで災害があった時に、今回の活動のよかった点や悪かった点を各々が見直し、今回以上によりよい支援活動ができたらいいんじゃないかなと思う。

4　企業の震災ボランティア競争

「ボランティアの方々にはほんとにお世話になりました。みんなとってもいい人ばかりでありがたく思っています。感謝の気持ちでいっぱいです。でもあの企業だけは……」

被災地で宿泊施設に勤めている方に話を聞いた時のこと。ボランティアの話になった時に、「ひどいボランティアとかはいなかったですか？」と何気なく聞いたところ、とても言いにくそうに、「実はある企業のボランティアはちょっと許せなかった」とぽつりぽつりと話をしてくれた。

ある企業の社員が何十人単位のかなりの大人数で、泥かきボランティアに来てくれた。泥かきは真剣にやってくれてとても助かったのだが、「えっ？」と思うことが度々あったという。泊り＋朝夕の２食付の予定だったが、昼食も用意してほしいと頼まれた。「こんなに団体で泊っているのだから、昼食代はまけてほしい」と言われたという。そこでちょっとかちんときた。ここは被災地になり観光客激減で宿泊施設の今後の経営がままならない状況にもかかわらず、昼食代をまけてとは……。でも団体客はありがたいので、ぐっと不満をこらえて、従業員総出で昼食の準備をすることにした。

ところがその企業担当者から要望が。「量が少ないのでもっと増やしてくれ」。量を増やせば宿泊施設のスタッフの手間がかかる。朝食を用意した後、昼食も数十人分を用意するのは大変だ。通常営業の状態ならお安い御用だが、まだ震災から3～4ヵ月の頃でそんなこと言われてもと頭にきた。

「すみません、まだまだ震災でいろいろ片付いていないことも多く、スタッフに負担もかかるので、この量で勘弁してもらえないでしょうか？」と申し出たが、まったく聞いてもらえず、やむなく作ることにした。そもそも昼食代はもらっていないのに、量を増やせなんてと思いながら。

夜、宿に帰ってくると社員たちは日中の「仕事」から解放されたのか、もうここが被災地であることは忘れてしまったかのようだったという。トイレではちゃんとゴミがゴミ箱に入っていないとか、夕食の後に宴会してもぜんぜん片付けてくれないとか、挙句の果てには宴会場のふすまを破いたのに申告せずにそのまま帰ろうとしたとか。あまりにも態度がひどいので、従業員の1人が注意したが、ろくに聞いてくれなかったという。

「こんなひどいボランティアは、後にも先にもこの企業しかいません。確かに宿泊施設にとって団体客は貴重で、入ってくる収入も多い。でも被災しているという特別な状況の中で、ほんの些細なことであっても、無神経なふるまいがあると、私たちにとっては心理的にとてもこたえるんです」

どうもこの企業に参加した社員は、自発的に申し出た人の集まりではなく、本人の意思に関係なく強制的に参加を余儀なくされた会社主導のプログラムだったらしい。だから他の企業ボランティアと違い、態度がひどかったのかもしれないという。

それでいてこのボランティアを引率しているのは、CSR（企業の社会的責任）部の人間だ。数年前から企業で「CSR」がはやっており、「私たちは普段からこんな社会貢献活動をしています」という企業イメージアップのPRコーナーをホームページに設けたり、会社案内に載せたり、IR資料に載せたりしている。「CSR報告書」なんて立派な冊子を作成しているところもある。しかし、いったい何なんだろう。CSR＝企業の社会的責任って。企業の社会貢献活動って。

震災が起きて、多くの企業が支援活動をしている。「うちらもやらなければまずいだろう」「CSR報告書に震災支援活動がなければかっこがつかない」といった意識から、ボランティアに来たとしか思えない。そして被災地の宿泊施設の従業員の気分を害した挙句、後日にはホームページや報告書で、これみよがしに「私たちは被災地で泥かきをした」と写真でも載せてPRするのだ。

どうも日本の企業はCSRとか社会貢献活動を勘違いしている。企業の社会的責任って、被災地で泥かきする以前の問題として、宿泊施設での態度とか対応とか、そういうことこそ社会的責任なのではないのか。というかCSRなんて横文字以前の問題で、「一般常識がある大人かどうか」という問題だろう。被災地支援で来ているのに、昼食代はまけろだとかもっと量増やせとか、一体、この企業は何をしに来ているのか。

企業のCSR取材は何度もしたことがある。ただ本当の意味でCSRをやっている企業って、別に休日に河原でゴミ拾いしましたとか、そういうことじゃない。本業を通じた貢献。それが本当の意味でのＣＳＲだ。そもそもＣＳＲという言葉がおかしい。企業である以上、社会的責任を伴うのは当たり前の話で、社会に貢献するのも当然のことだ。特別な社会貢献活動をしなくても、普段のビジネスをすることが社会貢献になっていなければおかしい。どうも多くの企業は、普段のビジネスはあまり社会貢献とはいえず、とにかく自社の利益を優先させるために時には悪いことも目をつぶってやる、みたいな意識でいて、だからこそ、その罪滅ぼしと企業のブランドイメージアップのために、社会貢献活動を利用しているとしか思えない。

いろんな企業が震災支援活動を行った。役に立っているものが圧倒的に多いと思う。でもたった1社でもこうした履き違えた企業がいると、被災者に与える心的ダメージは大きい。あまりにもひどかったので、話をしてくれた宿泊施設の方は、企業名含めてどこか週刊誌にでも話をぶちまけようと思ったらしいが、町のえらい人から「あの企業には逆らうな」と言われてやめることにした。今後もこの町で生きていくには、町の人の意見も聞かなくてはならない。それに被災地の宿泊施設にとっては、観光客が皆無のなかで、企業のボランティア団体客は上客だ。ここの宿では二度とこの企業は泊めないというが、他の宿泊施設にとっては貴重な収入源となる。その経済的効果を無視はできない。

せっかく企業で支援活動をしに被災地に行くのだから、昼間の泥かきさえやればいいというスタンスではなく、被災地や被災者のことに配慮した行動をとってほしい。ＣＳＲ報告書で震災ボランティア自慢するのは、企業だからそれはそれで致し方ないとしても、被災地でもう少しマシな態度をとれなかったものだろうか。そんな無礼な企業がいっぱいいなかったことを祈りたいが、もしかしたら被災者が泣き寝入りして言えないだけで、実は他にもこうした事例があったかもしれない。

5　本業こそ社会貢献

被災者に話を聞くと、みな自分の体験談を第三者に話したいのか、積極的に話をしてくれた。そして被災者以上に話好きなのが、そこに来ているボランティアの方々。時に「この人、心のバランスを崩しているのではないか？」「何か心に傷を負っているのではないか？」というぐらい話しまくる人もいて、もしかしたらその心の傷を治しに、被災地に来ているのではないかと思う人もいる。

そういうタイプのボランティアが、いい意味でも悪い意味でもまじめすぎ、考えすぎ、それが行きすぎているなと感じることも多い。例えば故郷が被災地とか、親族が被災地にいるとかなら、仕事を投げ出してでも被災地を助けなきゃって気持ちはよくわかる。でも被災地に縁もゆかりもなく、経済的余裕があるわけでもなく、仕事もしていて時間的余裕があるわけでもないのに、無理して被災地に来ているボランティアの方をよく見かける。「家をなくしたかわいそうな人がいるのに、私は普通の生活を送っていいはずがない」みたいな強烈な罪悪感をひきずって被災地に来ている。まるで贖罪（＝善行を積んだり金品を出したりするなどの実際の行動によって、自分の犯した罪や過失を償うこと）のために被災地にかけつけ、困った人を助けなければならないという強迫観念的使命感から来ているせいか、心に余裕がない。

そういう人だから、被災地にかけつけても、容易なことでは満足できない。「私がボランティアしているのは何にも役立っていないんじゃないか」「私の方が勉強させてもらって何も相手に与えられていない」など。でもそういう意識でやっている人は見ていて気の毒になる。過度な謙遜は時にかえって迷惑ですらある。被災者の方がこんな話をしていた。

「私は何もしてあげられなかったと嘆いている、医療関係の若い女性ボランティアがいたけど、そんなことはまったくない。いてくれたおかげで救急車呼ばなくて済み、助かったケースが何度もある。ボランティアにはほんとお世話になった。ボランティアの存在がなかったら人生立ち直れなかった。いてくれるだけ、来てくれるだけでも、何かしてくれなくてもそれだけでもうれしい」

被災者はそう思っているのに、「この人たちはかわいそう」「私は恵まれた人」という、弱者―強者の関係で捉えるから、いてくれただけでもいいなんてことでは満足しないボランティアもいて、とにかく目に見える成果がないと、「私は何の役にも立てない」「だからもっと何かしなければ」とどんどん自分を追い詰めていき、それで潰れていってしまうボランティアも多い。

大事なことは、①被災者＝弱者、ボランティア＝強者という上から目線で見ず、困っている人がいるから困っていることを助けてあげようぐらいのスタンスでのぞむ。②目に見える成果を求めない。③自分の心や金銭や時間の余裕のある範囲でやる。④本業（仕事）をおろそかにしない――この４つだと私は思っている。

普段の仕事で社会的やりがいを感じられていない人が、こういうワナに陥りやすい。毎日働いているけど、社会にあまり役に立っていないんじゃないか。そもそも仕事は社会的なやりがいで選んだわけではなく、自分が生活するために金をもらえればいい、ぐらいのスタンスでしか選んでいないから、やりがいや社会貢献を感じられない。そうした普段の仕事への贖罪もあいまって、被災地が困っている今こそ、自分の生活を犠牲にしてでも助けなきゃ、何か目に見える成果をあげなくてはと焦る。でもそれはダメな企業のCSR活動みたいなもの。本業ではあまり社会に役立たず、ぼろ儲けしているから、その罪滅ぼしのためにアフリカの子どもに援助しますとか、川の清掃活動とかに力を入れる。

その前にやるべきことがあるのではないか。本業や本業の延長線上で被災地支援できるような体制にしていくべきじゃないのか。それが仕事というものではないのか。

別に直接被災者のためにならないように見えても、社会に存在している多くの仕事は、間接的に被災者や被災地のためになっている。だからまず本業をしっかりやること。それが社会貢献の第一歩であるはずで、さらにそれでも余裕があれば、この国難の事態に直接的支援を考えればいいと思う。

普段の仕事は誰の役に立っているかよくわからない。儲けているけど社会にあまり必要な仕事ではないのかもしれない。そんなことを思っている人が、直接社会貢献していることを実感したくてボランティアに傾注する。でもそれは順序がおかしい。

本業で社会貢献すべきだし、仕事で社会貢献していないという疑念があれば、そんな仕事は辞めて社会の役に立つ仕事をすべきことが先決だ。仕事は自分の生活のために金をもらえればいい、という割り切りだけでは続けにくくなる。とかくこのような震災が起きるとなおのことだ。

被災地に行ってボランティアすることが被災地支援なのではなく、普段の仕事をいつも通り、いやいつも以上にしっかりやって社会を円滑に回すことも、十分に被災地支援だと私は思う。ボランティアしたから被災地支援だとか、目に見える支援活動をしないと役に立っていないとか、そういう考え方はおかしい。

まじめすぎ、考えすぎボランティアが、本業をおろそかにして、自分の生活を犠牲にして、自分自身の生活が成り立たなくなってしまえば、いわば〝二次被災〟みたいなもので、社会にとってはマイナスだ。まじめすぎるのは考えものだし、ちゃんと自分がやるべき順序を考えてボランティアに臨めば、「私は役に立っていない」なんて言葉は出てこないのではないかと思う。

6　何でもやってあげるのはだからダメ

「南三陸の高齢者2割　生活不活発病か　震災後に歩行困難」

東日本大震災で被災した宮城県南三陸町で、長時間体を動かさないことで日常動作が困難になる「生活不活発病」の疑いのある高齢者（65歳以上）が調査対象の2割を超えることが、町と国立長寿医療研究センター（愛知県）の共同調査で分かった。仮設住宅入居者は震災後、８７１人中３３９人に歩行困難の症状が現れた。このうち２６１人は回復せず、生活不活発病とみられる高齢者の割合は30・0％に上った。生活の不活発化の理由としては、「することがない」「外出が少なくなった」「疲れやすくなった」との回答が多い（河北新報2012年1月4日）。

被災地に行ったことがない人は、なぜ被災地でこんなことが起こるのかぴんと来ないと思うのだが、起こるべくして起こった事態といえる。私も被災地取材をしていなかったら、「なぜ被災者が震災後に歩行困難に？」と不思議に思ったかもしれない。

2011年年9月、リハビリ職のボランティア団体「face to face（FTF）」の理学療法士の山本尚司さんは、こんな話をしていた。

「不自由な避難所生活が2～3ヵ月続く頃になると、運動不足により廃用症候群（特定の器官を長期間動かさないでいることによって生じる障害）などになってしまいがちだ。そこでリハビリの専門知識を持った私たちのような存在が、運動指導、運動処方、リハビリを行っていく必要がある」

実際に同行取材させてもらってリハビリの様子を見ると、体が弱っていそうな高齢の方に結構ハードに見える運動をさせているのにちょっと驚いた。運動すると被災者の方が「いたたたた」とかいっている。

一般のボランティアはこう思う。「被災された、かわいそうな高齢者に、しかも体が弱っているような方のお手伝いをしなくてはいけない。代わりに買い物してあげたり、食事を作ってあげたり、代わりに物を運んであげたりするとかが支援なんだ」と。

でも過剰支援は、被災者をまさに自らの足で立てなくさせてしまった。もちろんボランティアの過剰接待だけが理由ではないが、避難所や仮設住宅暮らしになると、体を動かす機会が激減してしまう。そこに輪をかけて「かわいそうだ」「助けてあげなきゃ」と何でもやってあげるボランティアがくれば、余計運動不足になる。結果、今まで元気だったのに歩けなくなってしまう。余計に支援や介護が必要になってしまう。

岩手の仮設住宅を訪れた時のこと。仮設に暮す被災者からこんな話を聞いた。

「ボランティアの方がね、花壇の掃除をぜ〜んぶやってくれちゃったんですよ。おかげですごい助かったんだけどね、私、やることなくなっちゃって」

この被災者の方は感謝している半面、やることがなくなったとやや困惑した様子も見せていた。少しは自分でやりたかったのだろう。「翌日の予定がなくなっちゃって」と。

こういう積み重ねが、「生活不活発病　震災後に歩行困難」という事態を招いている可能性がある。ボランティアがいらないとか支援がいらないとか言っているわけではない。災害直後ではないのだから、支援をするなら自立支援に重点を置くべきだという話だ。ボランティアが「被災者がかわいそう」だからと代わりに全部やってあげるようなことは、「いいじゃないか、被災者が喜んでいるんだから」といっても、そのせいで被災者の方が生活不活発病になりかねないのだ。

短期的に見て被災者を喜ばせ、ボランティアがそれで自己満足を得ても、長期的に見て被災者のためにならないのみならず、マイナスになるような〝間違った支援〟もあるということ。逆に先のリハビリボランティア団体「ＦＴＦ」のように、「被災者の方、できるだけ体を動かしましょう」という支援の仕方もある。

なんでもかんでもやってあげることは、被災者が喜んでも長期的に見たらマイナスなこともある。そういうことも考えた上で、支援活動をしなければならないと思う。

7　被災地という特殊空間

被災地には野次馬でも観光でもいいから、日本に住んでいるなら、ぜひ一度訪れてみた方がいいと思う。テレビなどで映像を見ているだろうが、現地に行くとその凄惨さはまったく違う。町が壊滅するとはどういう意味なのか。これまで何十年にもわたって築き上げてきた自分の財産すべてが一瞬にして失われてしまう恐怖を、他人事ではなく自分事として考えられるだろう。

ただ被災地に何度も行くと精神的に〝やられてしまう〟場合がある。心のバランスをとるのが非常に難しいからだ。被災地というのは日常では経験しない特殊な状況にある。不条理な天災と人災のせいで、突如として家族や友人を失い、家を失い、車を失い、想定外の人生に追いやられた人たちが多数いる。被災者のほとんどが「自分はこんな目にあうとは思わなかった」と考えている。そう、これを読んでいる被災地以外の人のように。

被災地以外の人がこのような状況を生で目の当たりにし、被災者の人と直接話をしたりすれば、冷静ではいられなくなってしまう人も多い。「かわいそう」「助けてあげなきゃ」。このぐらいの同情心なら、「困った時はお互い様」の範囲内かもしれないが、きまじめな人になると「私はのんきに普通の生活をしていていいのだろうか?」「私には何も手伝うことなんかできない」「こんなかわいそうな人たちがいるのに、楽しいことしていいのだろうか」といった強烈な罪悪感を覚え、自分を責める側に回ってしまう。

だから3・11直後、被災地のためにほとんど役に立たない、「ヤシマ作戦」と称した寒い最中の超節電生活や（首都圏で節電しても被災地に電力が送られるわけでもないし、そもそも被災地は地震で電気がしばらく使えなかった）、ありとあらゆるイベントや飲み会をキャンセルした異常な自粛など、被災地・被災者にとって何の関係もないことを、いやそれどころか、自粛などは下手をすれば被災者を余計苦しめることを、自分を正当化するための行動として行ってしまう。

そんなきまじめな人が、義援金や節電や自粛ぐらいじゃ自分がいたたまれなくなり、ボランティアへと駆り立てられて被災地に赴く。それはそれで素晴らしいことだが、「1回だけ行ってもほんのちょっとしか手伝えなかった」「まだまだ困っている人がいるんだからまた行かなくてはならない」と何度もボランティア活動に駆り立てられることになる。ある種のボランティア依存症だ。

いや、それは間違いなく被災地の役に立っているのだからいい。でも心のバランスを崩したまま、依存するような形で続けていると、自分の心や体に思わぬ負荷がかかり、生活に支障を来たすようになる。自分がそれで潰れてしまったら本末転倒だ。

私は被災地に何度も行っているが、2日間ぐらいいると、精神的にかなりやられてしまったという感覚がある。特殊な状況下ゆえ、これまでオブラートに隠されていた、社会の矛盾や人間の醜さやはかなさがむき出しになっていて、そうした情報を多く摂取してしまうからだ。

むき出しの生死。むき出しの欲望。むき出しの矛盾。被災地に巣食う、とてつもなく大きな負の感情のオーラが充満しているがゆえに、精神的にタフでないと飲み込まれ、自分を失い、やられてしまう。

被災地にはぜひ一度行った方がいいし、困っている人を助けるのは当たり前だが、自分の心のバランスを崩してまでやると、自分が潰れてしまい、本末転倒な結果になりかねないと思う。

8　なぜ被災者は働かないのか

失業手当は90日から最大300日に延長されているので、300日分全部もらってから働いた方が「トク」――。先日あるテレビ番組で非常に興味深い被災地特集をやっていた。被災地には求人があふれているのに求職する人が少ない。一方、2011年11月にオープンしたばかりのパチンコ屋は大盛況。その客の多くは失業者で、パチンコ屋は人手不足だという。

なぜ今、働かないのかといえば、失業手当がもらえるから。こんな実態もある。失業手当をもらったことのない人には、この話はピンとこないかもしれないが、もらったことがある人ならわかるだろう。自己都合で会社を辞めた場合、申請から3ヵ月間はもらえない。だから多くの人は、転職先を決めてから会社を辞める。すると失業手当は1円ももらえなくなる。だったら3ヵ月間は遊んで、その後、3ヵ月間（90日）失業手当をもらって、それから就職した方がいいとこういうことになる。

これと同様の心理が被災者に働いている。失業手当はばっちりもらえ、今就職しなくても再就職はなんとかなると思っている人。義援金や物資援助などでお金に困らない生活をしている人にとっては、急いで就職なんかするより遊んで暮らして満額失業手当をもらった方がいい、と考えるのは当然だろう。だから被災地のパチンコ店に大行列ができる。

「復興作業はボランティアではなく、地元の失業者を使うべきだ」と私が書いた記事に対し、福島のある地域で復興に力を入れている地元の方は、冷ややかにこう言った。

「ゴミ拾いや泥かきを有償にしても、うちの地元の人はまずやらない。なぜなら東電から一時金をもらっているし、義援金もあるから」

決して金銭的に裕福ではない都市部の若者が、「これだけの被害があったのだから、何か手助けになれば」と思い、交通費をかけて、休日をつぶして、わざわざ縁もゆかりもない地域までやってきて、放射能汚染やヘドロの有害物質に危険をさらしながら、懸命にボランティア作業に明け暮れている。その一方で、失業手当もあって義援金もあるし、ボランティアに言えば何でも物がもらえるし、ボランティアが勝手に地域の片づけなり清掃をしてくれるから、自分たちはやる必要はないと、義援金でもらった金でパチンコに興じている。

皮肉なことだがこれも被災地で起きている一つの現実だ。もちろんすべての被災者がそうではない。しかし現実には、イヤな作業は好き好んでやってくるボランティアに任せて、自分たちは「被災者」なんだから、失業手当と義援金もらって遊んで、失業手当３００日分全部もらってから就職すればいいいべ、と思っている人も間違いなくいる。

以前、被災者のインタビューをしていた時のこと。仕事を失い、避難所から借上住宅に移った30〜40歳ぐらいの男性が、他の被災者とこんな話をしていた。

「やることないし、義援金も入ったから、この前、東京いってキャバクラいってきた」

「おめえ、何考えてんだ。この先、何があるかもわかんねえのに、そんな遊びに金使って」

「どうしようもないっぺ。どうせやることないし退屈なんだし。そう、今日これからパチンコに行く約束、友達としてっから、オレ、車ないから、パチンコに送ってけろ」

結局、彼はパチンコ店にいった。どうも今回だけじゃなく毎日いりびたっている様子だった。

遊んでしまう被災者がすべて悪いわけではないと思う。制度が悪い。被災者がかわいそうだからと失業手当をむやみやたらに延長すれば、こうした実態が起こってしまうのは容易に想像できる話だ。

「早期に就職した方がトク」といったようなインセンティブがなければ、人間はどういう風に振る舞うのがトクかを考え、すぐに働くより、失業手当をもらえるだけもらった方がいいと考えるだろう。そうやって金はムダに使われ、復興は遅れ、被災者の自立心を損ない、ボランティアに負荷をかけるという、復興から逆行した支援制度ができてしまう。

人間は善人ではない。ラクな方に流れるのは当たり前のこと。楽して金がもらえるのなら、そっちの方がいいと思うのが普通だと思う。

被災地支援で間違うのは、被災者を一人の普通の人間として見ず、「かわいそうな弱者・善人」と捉えるからだ。もちろん本当に心底困っている人もいるが、そうでもない人もいる。そうでもない人が一番トクをし、本当に困っている人に支援がなく、厚遇されている被災者がパチンコで遊び呆けている、といったような歪みも起きてしまう。必要もないのにボランティアがアホみたいに何でもくれるから、もらえるだけもらって物を転売している被災者もいるとの話も聞く。

一方で、津波被害があったわけではないが、震災による間接的被害で仕事が減った被災地にいる人ほど、支援がなく困っているという状況も生み出された。

自立という言葉は本当に重い。被災地や被災者の自立がなければ、被災地や被災者の復興なんてあり得ない。それは単なる支援漬け、ボランティア漬けだ。被災者を過保護にする自己満足ボランティアは、むしろ支援ではなく自立を妨げている場合もある。

自立支援としてリハビリ職のボランティアをしている人が、こんなことを言っていたのが印象的だった。

「被災者に限らず、ふだん接している患者さんについてもそうですが、基本的に自分でできることは自分でやっていただきます。できない部分をサポートし、自分でできるようにアドバイスするのが私たちの役目で、何でもかんでもやってあげることは真のサポートではありません」

過保護なボランティアや、被災地の同情心を買うことに必死な政治家や行政のせいで、被災者が自らの足で立てなくなってしまい、復興どころか過疎化・衰退がより悪化することも考えられる。誰かに何かをするということは、「かわいそう」なんて同情心からではできない。誰かに何かを恵んであげれば、そこに甘えや依存心が生まれる。2012年3月になると震災1周年で、それを機に自己満足のおかしなイベントや支援が増えそうだが、あらためて自立支援とは何かを考え、行動したい。

9　人は与えられ続けるとダメになる

「被災者の方はただずっと与えられ続けていると、自分は何もできないみじめな人間だと思い、かえって心が沈み込んでしまう。与え続けるだけの支援でなく、被災者の方が誰かの役に立てるような、作業や仕事をお願いすることも重要だ」（これまで国内外の災害ボランティアに関わってきた人の言葉）

人は誰かに「世話」し続けられると、自分は単なる社会の「お荷物」のように感じてしまう場合もある。ましてや自分より若い人の世話になったりすると、余計にみじめな思いをすることになる。

人は誰かの役に立ちたいという欲求がある。ボランティアはその欲求を満たすのに絶好の場だ。普段の仕事と違い、無条件で手放しに喜ばれる。だから被災地ボランティアにはまり、いつまでたっても一方的に与えるだけの支援を続け、「自分は誰かの役に立っている」と自己満足を得る。被災者のみじめな気持ちなど想像することもなく。

被災者は年配の方も多く、しかもこれまではそれなりに地位や財産があった人が多い。そこにどこぞのものとも知れぬ若いボランティアが、「かわいそう」という気持ちで入ってくる。もちろんはじめの頃はありがたい。でも心のどこかにひっかかりがある。「なぜこんな若い連中に施しを受けねばならないのか」と。

被災地に行った時のこと。ある被災者はボランティアにこんな話をしていた。

「被災者だからといって私らをなめるんじゃないよ。今は仮設住宅なんてみすぼらしいところに住み、みなさんからいただいた古着を着させてもらっている、みじめな姿の人間かもしれないけどね、私ら一家はこの辺では先祖代々有名な名家として知られてるんだよ。あなた方、ボランティアの方々が、どんな職業やおえらいさんなのかは知らないけれど、被災者だからといって見下すようなマネはしないでほしい」

その被災者はボランティアがくると、仮設住宅で食事やお茶を必ずふるまうという。ボランティアからすれば、「かわいそうな被災者なんかにご馳走になるなんて」と思いがちだが、被災者から見れば、ボランティアなど若造に過ぎず、一方的に若造から与えられるだけでなく何かその対価というかお返しでもしないと、自分のプライドが許さないのだと思う。

一方的に与える支援ではなく、被災者に仕事やいきがいを与える支援などあるのか？　と反論されるかもしれないが、いろんな取り組みがある。例えば阪神・淡路大震災で始まった「まけないぞう」。被災者がタオルを作ってそれをボランティアが販売し、売ったお金を被災者に回すというもの。「被災者でも誰かの役に立つことができる」という、心の自立ともいうべき支援にもつながっている。

みやぎジョネット（みやぎ女性復興支援ネットワーク）というところは、「ミシンプロジェクト」を始めている。被災した方にミシンを渡して、何か作ってもらい、それを販売してお金を回そうという取り組みだ。

一方的に〝クリスマスプレゼント〟を、毎週のようにただ与えるだけの支援ではなく、ボランティアが主役ではなく、被災者が主役になるような、被災者がボランティアの助けがなくても自立できるような、そういう支援にシフトしていかなければならないけれど、「誰かの役に立ちたい」と感じることが少ない都会の人間が、被災者の「誰かの役に立ちたい」という機会を奪って、「自分たちが被災者のために役立っているからいいだろう」という自己満足にひたっていることにそろそろ気づくべきではないか。「何もしなくていい。たまに来て話を聞いてくれる。それだけで十分です」という被災者の方もいる。

時にボランティアは共依存症なのではないかと思うこともある。共依存症とは、自己の存在意義を認めてもらおうと、過剰な献身をくり返すなどの行為をすることだ。共依存者は自己愛・自尊心が低いため、相手から依存されることに無意識のうちに自己の存在価値を見出し、共依存関係を形成し続けることが多いと言われる。ようは自分に自信がない。しかし被災地に行けば社会貢献意欲を満たされる。そのために過剰な献身を続け、被災者をボランティア漬けにしてしまい、その関係から抜け出せない。

人が生きるというのは単に食料や物を与えられて、生命維持されていればいいということではない。それぞれの人に人間の尊厳がある。被災してかわいそうだから、いっぱい恵んであげます。途中で支援をやめるのは見捨てるようでいやだから、物を送り続けます。でも度が過ぎれば、それは被災者の人間の尊厳、プライドを傷つけていることにもなりかねない。

物を与えることだけが支援ではない。きっかけを与えるのも重要な支援。

ボランティアが主役の支援ではなく、被災者が主役になれるような支援が必要なんだと、ある災害ボランティアの方の話を聞いてあらためて思った。

第5章　まとまらない被災地、復旧にこだわる被災者

石巻市門脇町・南浜町の壊滅的な状況（2011年4月20日撮影）

1　壊滅的エリアそばの高台はまったく無事

私が東北の被災地に一番はじめに入ったのは2011年4月20日のこと。東京から新幹線で福島まで行き、福島から仙台までは新幹線がまだ運休のため在来線で。仙台から石巻まではバスで行った。

宮城県石巻市はテレビで何度も被害がひどいエリアとして報道されていた場所。まさにその凄惨な光景が広がっていたのだが、私が何より驚いたのは、町が壊滅しているエリアのすぐそばの高台にある住宅街はまったく無事であったことだった。

海沿いの町は全滅といっていい惨状。ところがその数分先の住宅街は地震などまるでなかったかのように、ここが被災地ではなく東京と見間違うがごとき、ほとんど外形的な被害はなく、平和な景色が広がっていたことだった。

東日本大震災の死者の約9割は溺死と言われている。地震ではなく津波被害により、多くの人が亡くなり、また家や車

写真の下の方に写っている家は津波で壊滅。しかし写真上の方の建物は高台にあるのでまったく無事（2011 年 4 月 20 日撮影）

同じ被災地とは思えない。ほとんど被害のない石巻市の高台エリア（2011 年 4 月 20 日撮影）

を失った。逆に言えば津波さえなければ、耐震補強された建物であったなら、やや極論だが「なんともなかった」わけだ。

今、被災地は高台移転するか否かで揺れている。しかしこの被害格差、高台と海沿いの明暗を見るに、東日本大震災を契機に高台移転という思い切った決断をすべきではないかと思った。

2 被災地定点観測

2011年4月に訪れた宮城県石巻市の被災地に再び2011年10月に訪れた。高台から町が壊滅した門脇町、南浜町一帯を見ると、半年前に比べて見違えるほどガレキは片付いた。でもだからといってまだ何も「復興」は始まっていない。津波被災地はまだ無人の〝焼け野原〟といった状態だ。

そもそもガレキが処理されたわけではない。うず高くひとところに集められているだけ。地震で地盤沈下したため、道路への冠水も激しい。防波堤だってろくにできていない。この7ヵ月で終わったことといえば、遺体の捜索、家財道具の持ち出し、家の解体、一部道路の復旧ぐらいか。しかもまだ行方不明の方も多数いる。

避難所は閉鎖されたが家には戻れず仮設暮らしが続く。もう7ヵ月。まだ7ヵ月。復旧・復興の道のりはあまりに遠い。そもそも元に戻すことなど不可能に近い。震災前に浸水していない道路があちこちで水没している状況で、再び津波が来るかもしれないこの場所に、町を作ることな

石巻市・高台からの眺め（2011 年 4 月 20 日撮影）

石巻市・高台からの眺め。ガレキが一掃されていた（2011 年 10 月 10 日撮影）

石巻市門脇小学校前（2011 年 4 月 20 日撮影）

石巻市門脇小学校前（2011 年 10 月 10 日撮影）

石巻市・南浜町周辺の眺め（2011年4月20日撮影）

石巻市・南浜町周辺の眺め（2011年10月10日撮影）

ど到底できそうにない。ただこの壊滅的なエリアのすぐそばの高台は、まったく何の被害もないように普通に住宅地が広がっている。移転できる高台などもうないのかもしれないが、高台にありさえすれば町は無事なのだ。

津波リスクのすさまじさが明らかになったにもかかわらず、人は忘れやすい生き物。津波への風化が恐ろしい。２０１１年10月に訪れた石巻市雄勝町で現地の人から興味深い話を聞いた。

「私が生きているうちに今回の津波被害を風化させないよう『ここより下に家を建ててはいけない』という石碑を立てるつもりです」

この方は、津波被害で集落の８割の家が流された場所に住んでいる。やや高台にあったため自分の家は無事だったという。でも家のそばまで水が来た。その危険性をきちんと伝えたいという思いから石碑を建てようと考えた。二度と同じ過ちを繰り返さないために。

石巻市・日本製紙の工場（2011 年 4 月 20 日撮影）

石巻市・日本製紙の工場（2011 年 10 月 10 日撮影）

「人はすぐに忘れてしまう。だからこのすさまじい津波の経験を、私が死んでも誰にでもわかるようにしておきたい」

昭和にも明治にも起きている三陸沖大津波。先人の言い伝えを守り、高台に移転した町は助かっているところもある。一方、先人の言い伝えが風化し、再び津波にのまれてしまったところもある。一部のエリアではもうすっかり津波リスクも忘れて、ろくに防波堤もないのに、海のすぐそばで宿泊施設が開業している恐ろしい場所もある。まだ震災から7ヵ月。忘れるにはまだ早い。

3　風化する津波被害——便利を優先して安全を後回しに

東日本大震災から半年。津波により防波堤は崩れ、海側にある家はほぼ全滅。しかも地震により地盤沈下が起き、波はさらに高くなっている。にもかかわらず、津波の恐ろしさは風化しつつある。津波被害エリアで宿泊施設が、営業を再開し始めているというのだ。

ＮＨＫの震災特集番組では、津波被害にあった岩手県のあるホテルが、再開したことを取り上げていた。このホテル。海からすぐそばで、今は冠水被害があるので、市が危険としている地区。しかも3・11の津波で2階まで浸水したが、2階もすでに宿泊施設として再開している。番組によると、ホテルは1億円の借金があり、営業再開するしか自分たちの復興はなく、しかも建設作業員やボランティアの宿泊需要があるため、どんなに危なくても営業を再開したようだ。今は満室の状況が続くという。

法律的には違法ではない。しかし違法でなければ安全を軽視していいのか？　忘れやすい国民もまだ覚えていると思うが、焼肉レストラン『焼肉酒家えびす』が客に出したユッケにより集団食中毒事故が起き、死亡者も出た。この焼肉店が法律的に違法なことをしていなかったとしても、安全を軽視したがゆえに客に被害を及ぼせばその企業の評判はがた落ち、営業再開するのは事実上不可能になる。短期的な利益を優先するあまり、長期的な利益を犠牲にすれば、結局、自社にとっても利益にならない。

同じような話は他の場所でもある。例えば福島県のある海沿いの被災地では、イベント運営のボランティアスタッフを、海からすぐそば、1階は津波被害があった民宿で、これから営業を再開する予定のところに、2階だが約50名を宿泊させている。ここに泊ったボランティアは、「目の前が海で波が高くてちょっと怖かった」と語っている。

一体、2万人の死者を出した震災の大惨事の教訓は、どこへいってしまったのだろうか？「想定外の大津波だったから仕方がない」とでも思っているのだろうか？　しかし実際には「想定内」だった。

今回、大津波が襲った地域の多くは、過去何度も津波を経験している場所。1896年の明治三陸地震、1933年の昭和三陸地震、1960年のチリ地震などで津波被害にあっている。過去の自然災害で恐ろしさを知った先人は、便利さを優先する地域住民の反対を押し切り、全戸高台移転したり、景観を損ねてでも10m以上もの防波堤を作るといった、「そこまで必要？　やりすぎじゃねぇ?」とも思える対策のおかげで、3・11の大津波被害をほとんど受けずに住んだ地区もある。

岩手県大船渡市綾里白浜地区は過去の津波経験から高台に移転し、今回の震災で周囲は壊滅的打撃を受けたにもかかわらず、家屋浸水なく人的被害もなし。岩手県普代村は「明治に15mの波がきた」という言い伝えから、何が何でも高さ15m以上の防潮堤にこだわり、建設した。このおかげで死者はゼロ、防潮堤内側の住宅被害は一切なかったという。

自然災害の恐ろしさを知り、便利さを犠牲にしてでも住民の命を最優先にした地区は、すさまじい3・11の大津波にもかかわらず、被害がほとんどないという「奇跡」を実現した。

津波が今までほとんどなかった福島県についても、東京電力は福島原発に15m超の津波がくると予測していた。想定外の大津波なんかではなかった。

そもそも宮城県沖地震が30年以内に起きる起きる確率は99%と、文部科学省が予測していた。しかも三陸沖と同時発生すれば、M8・0前後になるとも予測している。実際にはM9・0だったわけだが、想定外の大地震というわけではなかった。

そして大地震が起こり、大津波が起こった。福島いわき市の津波被害で壊滅的な打撃を受けた、薄磯・豊間の方に10世帯ほどインタビューをしているが、助かった人の多くは、「今まで津波はないけど、今回の地震は尋常じゃないから逃げた方がいい」とすぐに高台に逃げた人。亡くなってしまった人の多くは、「津波なんかこないべ」と楽観視していた人や、一度は逃げたものの、貴重品などを取りにいこうと、また津波被害エリアに戻ってしまった人たちだった。

津波の恐ろしさを知らない関東で、津波が起きて多くの人が亡くなったというのならともかく、過去にも何度も津波があり、津波に対する恐ろしさをある程度知っていたはずの東北地区でさえ、津波によって2万人近い人が亡くなっているという現実。これが3・11の最大の教訓だと思うのだが、便利さや「復興」を優先させるあまり、津波対策がなされないまま宿泊施設が開業してしまっている。

サービスを提供する側がプロならば、客の安心と安全を最優先するのが責務だろうが、ニーズがあって便利だし、自分たちとしても早く現金収入が欲しいということから、安全を軽視して営業再開してしまうというプロ意識のなさ。津波で2万人もの人が亡くなったという恐ろしい現実を前に、半年も経つと、津波なんか大丈夫だろう、来たら逃げればいいじゃないか、ぐらいの危機意識のない人たち。

ではなぜ2万人もの人が津波で亡くなったのか。3・11の教訓は自然災害、特に津波を甘くみくびっていたことではなかったか。いや、甘くみくびっていたわけではない。ある程度、起きるとわかっていたが、コストや便利さを考えると、「何もそこまでしなくてもいい」と、楽観視した結果、死亡者の9割が津波被害という大惨事を招いた。

とかく原発被害ばかりがクローズアップされがちだが、3・11で甚大な被害をもたらしたのは津波。半年が過ぎたからといって、津波の恐ろしさを風化させてはならない。自然を甘く見て便利さを優先したから、過去に何度も大津波があったにもかかわらず、甚大な被害が起きてしまった。

過ちから学ばなければ何度も悲劇は繰り返される。一番大事なのは人の命であって、目先の便利さではないと思うが、そう考えられない人が悲しいかな多くいる。もう一度、津波被害の恐ろしさを直視し、3・11を忘れてはならないと私は思う。

結局、今の日本の問題はすべてつながっている。便利さ最優先で安全を軽視したから、放射能汚染で日本の産業は全滅しかねない、危機的な状況に追い込まれている。それは政府が悪いとか東電が悪いとかではなく、国民一人ひとりの意識の問題だ。安全より便利さを優先する国民が多いからこそ、3・11が起きたのだ。

今までの考え方から転換すべき大惨事が起きても、これまで通り便利さを優先してしまう国民が多ければ、何度も何度も大惨事は繰り返されるだろう。

それは想定外の不幸な自然災害ではなく、起こるべくして起きた人災と言えるだろう。

4　なぜ復興が遅れているのか——阪神・淡路大震災との比較

地震被害ではなく津波被害であり、加えて原発被害だから「壊れたところを元に戻せばいい」では済まされない——。この当たり前の大原則をしっかり理解しないと、今回の大震災の被災地の状況把握はまったくできない。

阪神・淡路大震災の死因の8割は建物倒壊。東日本大震災の死因の9割は津波。この違いを見れば一目瞭然だが、今回の震災では、家が壊れたから耐震補強をして元の同じ場所に建て替えて復興すればいいとはいかない。なぜならまた津波が来る可能性があるからだ。このためなかなか復興が進まない。町が壊滅するほどの津波被害があった場所を復興すべきなのか、それとも高台移転すべきなのか。どちらもメリット、デメリットがあるため、復興計画が決まらず、被災者は先が見えない不安を感じている。

あの惨状を現地で見ると、もはや津波被害のあったエリアに、元のように住まいを建てるのは自殺行為だと思う。福島は今まで津波は少なかったというが、宮城、岩手はこれまで大津波が多く、そのために莫大な税金をかけて大堤防を建てたりしていた。それが通用しなかった（なかにはそのおかげで平気だった場所もあった）。さらに今回の震災で地盤沈下もしている。また津波が起きれば被害にあうことは間違いない。だから過去の大津波に学んだ町や村は、昔からの言い伝えで決して海のそばには家を建てなくなった。でも高台移転するにはお金もかかるし、移転する土地を探さなければならない。また海沿いだからこそ仕事が成り立っていた民宿や食堂などは、高台移転したら仕事にならないだろう。

２０１１年８月に取材した、津波被害で家が全部流された福島県の被災者の方は、「今まで自分が住んでいる地区がどうなるのか、未だに何も決まっていない。今の住まいは仮。２年で出ていかなければならないのに、その後、自分が住んでいた地区がどうなるのかわからないのでは、生活設計のしようがない……」と苦しさをにじませていた。

さらに福島は原発の問題もある。仮に津波被害エリアに堤防を造れば絶対に安全だとわかったとしても、原発に近いことから放射能汚染がどうなるかわからない。しかも津波被害エリアの人たちの多くは漁業関係の仕事だが、海が放射能汚染されている。福島県産の魚を食べる人は少なく、水揚げしても価格は暴落し、商売として成り立たないことから、津波被害エリアを復旧しても仕事ができない可能性が高い。

だから私は津波被害エリアを見る度に思う。「この場所をきれいにしてどうするんだろうか？また地震が来て津波が来たらまた元に戻るだけじゃないか」と。そして福島の場合はもう1つ。「また事故が起きたらここは放射能で住めなくなるのでは？」と。

東日本大震災は阪神大震災とは違う。被害の性質を考えた上で、被災地をどう支援するか考えなくてはいけない。

5　震災被害と過疎化の混同

「復興ができないのは震災のせいではなく、もともと過疎化していたからだ。震災はきっかけに過ぎない。今まで通りのことをしたのでは、復興なんかできるわけがない」（ある被災者の言葉）

何度もテレビで報道された、津波被害のひどかった陸前高田、気仙沼、南三陸などを訪れてきた。沿岸部を車で走ると、集落が現れる度に「全滅」に近い光景が広がっていた。高台に町がある気仙沼や気仙沼大島は無事なところもあるが、海岸部の町は壊滅し、今も片づけが進まないいま、廃墟となっている。

こうした中、国も国民も自治体もボランティアも「東北復興」「被災地復興」の名のもと、多大なコストと労力をかけているが、現地の人から「震災があるなにしかかわらず、そもそも過疎化していた」という話を聞くと、「復興」という見方が変わってくる。

震災から8ヵ月が過ぎ、支援のステージは大きく変わってきている。避難所にいる人たちやライフラインを寸断された被災地にいる人たちに緊急的に支援が必要な段階から、被災地にいる人たちが自立・復興できるよう、すなわち自分たちで金を生み出し、支援がなくても生活ができるようにする自立支援にフェイズが移ってきている。

しかしそこで大きな壁にぶちあたっている。自立・復興といっても、場所によってはもともと過疎化が進んでおり、人口減少、高齢化、産業衰退で、経済が停滞していたのだ。

今まで発展していた町が地震や津波でやられました、だから被害にあった部分を復旧し社会がもとの通りに円滑に動き経済が動くよう自立支援します、というなら機能する。しかし今回の被災地は、自然災害が起きなくても衰退している地域も少なくない。だからそのような地域を「復旧」しても、「復興」になかなか進まない。

自立支援しても町の自立は容易ではない。そのことに行政や被災者やボランティアが気づいているのだろうか。それに気づかず支援しても、あまり意味のない支援になりかねない。というより、これから先もずっと与え続けなくてはならなくなる。震災被害という大きな隠れ蓑ばかりに目を奪われず、その地区にもともとあった過疎化・高齢化という問題をどう解決していくか。支援するならそこに目を向けなくてはならない。

しかし地方ゆえのしがらみや利権、慣習や土地に固執する人が多いため、これまでとは違うやり方に抵抗を示すケースも多く、それが余計に復興を遅らせている面もある。地元の若い人はそれに気づいている。なぜなら目先の不安より、20年後、30年後、ここにいて食っていけるのか、安全なのかということを真剣に考えているからだ。

今回取材したボランティアの方や被災者の方は、過疎化がそもそもの問題なのだから、震災復旧したところで、元に戻しただけでは復興なんかできないことに気づいている人も多く、これまでとは違う試みをしようと、必死になっている人もいる。反面、震災直後の同情心を引きずったまま、自立支援ならぬ依存支援を続けている人もいる。

この話は被災地に限った話でなく、日本全体にもまったく同じ構図があてはまる。少子高齢化、人口減少で、このままのやり方を続けていたのではジリ貧になることは明らかだ。にもかかわらず、目先の利益を優先するあまり、新しいやり方を叩き潰し、従来の慣習を維持させるために莫大なコストをかけ、結果、借金が増えて、大増税、社会福祉カットという、若手にすべてツケを負わせる勢力が強い。

被災地の問題は日本の問題でもある。被災地の自立復興支援を行うには、震災被害ではなく過疎化という問題に焦点をあてて本気で取り組まなければならないと思う。

6　被災者に嫌がらせする地元住人

「地元住民から嫌がらせを受けている」

福島県いわき市の避難所から市内の雇用促進住宅に移った被災者に話を聞いたが、そこに集まった被災者家族3世帯から、「前からそこに住んでいる住民に嫌がらせを受けている」という話を聞いた。

被災者Aさん「回覧板を持っていっただけなのに、うるさい！　と怒鳴られた」

被災者Bさん「回覧板を持っていって手渡ししたのに、後から外に落ちていたとかありもしない苦情を言われた」

嫌がらせをしたのがある特定の人物なら、「たまたま変な人だった」といえるが、回覧板の嫌がらせはAさんとBさんは違う人から受けている。回覧板に限らず、それ以外にも陰湿な嫌がらせを受けているという話が出た。

嫌がらせをする理由について被災者のAさんはこう分析していた。「前から住んでいる人たちにとってみれば『自分たちだって地震の被害を受け、お金を払ってここに住んでいるのに、被災者たちは2年間も無料で住める』という嫉妬からではないか」と。また住人の気質の違いも大きな要因となっているようだ。被災された方は津波被害にあった海沿いの集落の人たち。町の人とは言葉も若干違い、やや言葉遣いも荒く、顔つき、体格なども荒々しい雰囲気がある。実際に私もはじめは近寄りがたい雰囲気を感じた。話すと実に優しい人たちばかりなのだが、町に住む人とはちょっと違う。

被災者の方はこれまで顔見知りの集落で暮らしてきたのと同じように、出会った住民に対しては大きな声で「おはよう！」「こんにちは！」と声をかけるが、ここに前から住んでいる人たちはあまり近所づきあいがないのか、ほとんどの人が挨拶を返してこないという。被災者の人から見れば「無視された。挨拶もしないなんて失礼だ！」と怒っているのだが、もしかしたら前から住んでいた住民にしてみれば、「そんなにでかい声で挨拶しなくてもいい」「ここはもとから近所づきあいするようなところじゃない」といった考えを持っていることも考えられる。気質が違うのだ。

被災者からしか話を聞いていないので、嫌がらせがどこまでひどいのかはわからないが、質の違う住民がどばっと後から入ってくれば、そこでもめるのは被災地でなくてもよく起こる話だろう。例えば、近所づきあいなど一切ない東京のマンションに、いきなり地方の漁村の人たちが何世帯も入ってきたら、いろいろと考え方や生活スタイルが違うために、トラブルになる可能性はある。

ただその後、なぜそこまでもめているのか、ヒントとなるような話を聞けた。雇用促進住宅での取材を終えて、津波被害地区のそばで開催されていた復興イベントに来ていた方にたまたま話しかけたら、なんとその人もこの雇用促進住宅に住んでいるという。

「前から住んでいた人が嫌がらせをしていると聞きましたが」と話すと思わぬ答えが。

「そんなことないよ。というか俺たちが後から入ったんだから、俺たちが前から住んでいる住民に合わせなきゃいけないんだと思う」

なるほど、至極真っ当な考え方だ。しかし彼の話はそこで終わらなかった。

「ただよう、前から住んでいる住民たちは、1世帯1駐車場の決まりのはずなのに、2台も3台も駐車場使っていて、俺たちの車の停めるところがない。それはクレームとして言っておいたけどな」

どうも問題の根幹の一端は駐車場問題にありそうだ。ここの雇用促進住宅は6棟あるが、ほとんど入居者がいないので、1年前に3棟改装を行い、部屋の壁を取り払って、2世帯分の住居を1世帯分にして広くしたという。つまりそのぐらい需要のない広々と使える住宅で、入居者が少ないので、前から住んでいる住民は駐車場1台の決まりを守る必要なく、1世帯で何台も駐車場を使っていた。

ところが今回の震災で、津波被害にあった被災者が何世帯も入ってきたせいで、今まで無料で停められていた駐車場を被災者に譲らなければならない可能性が出てきた。するとどこか他に有料で借りなくてはならない。

被災者がここに引っ越してきたせいで、駐車場は無料で使えず、不便な場所に有料で借りなくてはならないなんて負担増だ。被災者はこの住まいを無料で借りてるんだから、贅沢言わず、駐車場は有料のところを借りろ。俺たちだって地震被害はゼロではないんだぞ。この駐車場問題が要因で嫌がらせに発展している可能性は高い。嫌がらせして被災者を追い出せば、今まで通り無料で駐車場を使えるし、気質の違う新しい住民との面倒なコミュニケーションをとる必要もなくなる。だいたい被災者なんて2年間の無料期間を過ぎれば、ここに住み続けることなくどこかに移転するだろうから、早めに追い出してやろう、みたいな。

被災者の間では「ここの雇用促進住宅はひどい」という噂が出回っているようで、他の被災者に話を聞くと、「子供のいる世帯は子供に嫌がらせされるから、あそこの雇用促進住宅には住まない方がいい」といった話も聞いた。現にここに越してきた被災者のほとんどは、小さな子供がいない世帯ばかりだ。この住宅に住む被災者Cさんは、こう強く訴えた。

「俺はな、前々から市の職員に言ってきた。避難所から出て行く仮住まいは、できるだけ集落ごとにしてくれと。でないとみんな孤立感を深め、阪神・淡路大震災の時と同じように大量の孤独死が発生してしまう。阪神の教訓を活かしてバラバラに住まわせないでくれ、と何度もお願いした。でももうこのままの状態だと、阪神の二の舞で、孤独死する人が出てきてしまう」

物理的制約もあるので、集落ごと引っ越すというのは難しいかもしれない。しかし行政は、早く面倒な避難所を閉鎖し、被災者をどこかしら仮住まいに押し込めれば、それで自分たちの仕事は終わりだといった雰囲気もある。

被災地では誰もがみな被害者だと思っている。でもこんなひどい大災害が起きた今こそ、俺よりお前のほうがトクしてるとか、俺だって被害者なんだぞといったエゴを捨てて、みんなで助け合えばいいのにと思っても、そうはいかない現実があった。こうした些細な人間感情のすれ違いが復興が進まない原因の一つにもなっている。

7　震災直後に避難した人は村八分？

「苦しい時期におまえだけ逃げやがって。今さらのこのこ帰ってきて、何が故郷の復興に尽くしたいだ？　おまえになんか復興を手伝ってほしくない」

国難ともいえる危機的状況にあった時、その場に残っても下手をすると全滅する恐れがあるから、今は勇気ある撤退を行い、一時緊急避難してそこで英気を養い機会を待つ。このような合理的な判断をする人間を、時に感情的に許せず、残った人間は、逃げた人間が戻ってきて手伝いたいという申し出を無視してしまう……。

3月に原発が爆発した際、津波被害にあった福島のある被災者は、ここにいたのではまずいと考え、東京の親戚の家に身を寄せた。3ヵ月が過ぎ、3月当初よりも状況が落ち着いていてきたので、今こそ故郷に戻って復興に力を入れようと活動をはじめたが、ずっと福島に残っていた人たちは彼に対して非協力的だった。

他の人たちは原発が爆発しても逃げるところがなく、この数ヵ月間、長く苦しい避難所生活を送ってきた。にもかかわらず、こいつだけは逃げたという意識があるからだ。

「おまえだけ逃げてのうのうと暮らしていたくせに。一度故郷を見捨てたくせに。一番つらい時期をともにしなかったくせに。何が今さら復興活動だ。そんな風に思われている」

そういう心情が非協力的な態度となって表れたのだろう。被災地には災害のショックが大きかっただけに、被害状況や置かれた環境下での温度差から一つにまとまれず、いがみあってしまい、結果、復興が遅れてしまうということが起きている。

日本人は特にそうなのかもしれないが、合理的判断より感情的判断を優先してしまう傾向が強いように思う。妙な同情主義というか馴れ合い主義が、本音ではみんな逃げたいと思っているのに、周囲の空気を読んでみんな逃げられず、結果全滅してしまうみたいなことになっている。台風が予想されているのに、無理して出社したために、帰宅難民があふれて交通機関が大混乱してしまうことと同じように。

感情的判断しかできない人間に、合理的判断を説いても無駄だ。他人の感情を変えることなどできないからだ。それはそれで別にいい。誰だってすべてにおいて合理的判断を下せるわけなどなく、人間である以上、感情によって行動するのは当然だ。その人の生き方なのだから、それを他人がとやかく言う問題ではない。

でもだからといって合理的な判断をした人間を排除したりするのはおかしい。感情的な判断をすることによって、自分が死ぬのは構わないが、無言の圧力で感情的判断を優先させる雰囲気を作り、合理的な判断をする他人を巻き添えにするのはよくない。

強権的な一人の指導者が暴力を持って、国民をある一定の方向に行動するよう強制しているのなら、その指導者さえいなくなれば呪縛はとけるが、今の日本はみんなが加害者であり、被害者になっていることが恐ろしい。相互監視社会というか、抜け駆けは許さない社会というか、出る杭は打つ社会というか。

特に一番やっかいなのは、短期的な視点しか持たない行動力のある人間だ。なまじ行動力があるだけに、社会に実害を及ぼす。短期的な視野で見ればそれは「いいこと」なのかもしれないが、長期的な視野で見れば、みなを「不幸」にする選択をしている可能性がある。

その最たる例が原発だろう。原発を誘致すれば過疎化する町が発展できる。金がわんさか入ってくる。でもそれは短期的には利益になるが、事故が起きれば「死の町」と化す、とんでもないリスクがある。そのリスクを負ってでも原発を誘致する必要があるのか。他に方法はないのか。結局すべては、目の前のアメしか見えていなくて、甘い方、楽な方ばかりの選択をした結果、最後に落とし穴が潜んでいるというのが、今の日本の有り様だと思う。別に原発を誘致した人だけが死ぬならいい。しかし事故が起きたら反対した人にも、他県の住民にも被害を及ぼす。

震災復興についてある経営コンサルタントに取材をした時のこと。彼は「復興とは元に戻すことではない。今後もその町や企業や産業が持続できるよう復興＝再生すべきだ。だから復興は万人受けするものではなく、時には切り捨てるような決断もあるかもしれない。でもリスクをそのままにして、復興させてもそれは真の意味で復興にはならない」と話していたのが印象的だった。しかしこんな発言を被災地でしようものなら袋叩きだ。見捨てるのか、切り捨てるのかと。

合理的判断がすべて正しく、感情的判断がすべて間違っている、といっているのではない。感情的判断が合理的判断を抹殺している雰囲気が怖いといっているのだ。だから今の日本はあやうい。あまりにも感情的判断が優先されすぎている。短期的判断が優先されすぎている。それが新たな人災を招くんじゃないかと危惧している。

8 後回しにされた被災地の複雑な事情

「いわき市より双葉郡の方がよかったかもしれない。その方が復興も早かっただろう……」

そう語るのは福島県いわき市の北端、久之浜地区に住む20代の男性だ。

久之浜はいわき市の一番北にあり、すぐお隣は双葉郡となる。双葉郡は福島原発があるエリア。原発事故の影響で双葉郡の多くの町が立入禁止になるなど、「死の町」と化したわけだが、原発事故の直接の「被害者」ということで、この地区の人たちの補償は他のエリアに比べて最優先に行われている。

久之浜は微妙な場所にある。双葉郡だったら手厚い補償が期待できたかもしれないし、双葉郡久之浜町だったら独自に復興計画を進められたかもしれないが、現状はいわき市の一部という位置づけで、いわき市から見ると一番端の地区だ。

同じ端でも南の方は工業地帯もあり、茨城に近く関東との関係も深いので、復旧・復興は優先的に進められた。ところが久之浜は、工業地帯があるわけでもなく北端でもあり、しかも町の一部が原発30km圏内に入っていることから一時屋内退避エリアになるなど、放射能問題もつきまとう。結果、いわき市内で津波被害があった地区の中でも、もっとも復旧・復興が遅れていた。

2011年5月中旬にはじめて久之浜に行ったが、他のいわき市の津波被害エリアに比べて明らかにひどい状況にあった。ガレキがまだ多く残されており、津波被害と火災被害の状況は生々しかった。またやっかいなことに、地区の8～9割が壊滅したいわき市の薄磯や豊間とは違い、久之浜の津波被害は海そばだけに集中していて、他のエリアは住もうと思えば住める家も多い。

目の前の家は津波でボロボロなのに、その前にある家の被害は軽度で、普通に暮らしている。さらに海から離れた場所では店が営業している。さらに陸側に行けば、津波被害などまったくなく、普通の住宅街が続いている。

実はこれがやっかいなのだ。地区のほとんどの家が壊滅的な状況なら、被災者の置かれた状況が似ているから、今後の復興計画についてもまとまりやすい。しかし久之浜のように、①津波被害で全壊してもう家に住めない被災者、②津波被害にあったものの家に住める被災者、③津波被害もなく普通に暮せる人、では置かれた状況がまったく違い、今後の町づくり＝「復興」に対する温度差はかなりのものがある。

しかも地区によって住んでいる人の〝質〟が違う。津波被害にあった駅より海側の沿岸部の人たちの多くは、古くからこの町に住み、漁業や商店、民宿などを営んでいるが、津波被害のない駅から山側の地区は比較的新興の住宅地で、原発関連勤めの人もいるという。被害格差もあり、住んでいる人の属性も違うとなると、一口に「町の復興計画」といっても、その意味するところはまったく違う。

久之浜のある人いわく、「ここでは安易に脱原発なんて言えない」という。原発で生計を立てている人もいるからだ。しかもいわき市の中で久之浜地区だけは原発に近いので、1世帯あたり100万円前後の原発の賠償金がすでにもらえたとの話も聞く。原発や放射能に対する住民の考え方も二分されかねない。

原発から30～40㎞と極めて近いこのエリアの放射線量はどのぐらいなのか、2011年6月に沿岸部沿いで測ってみたが意外と低かったことに驚いた。0・08～0・17マイクロシーベルト／時程度。下手したら東京の一部の高い地域なんかよりはるかに低い。無論、喜んでばかりはいられなかった。ガレキに近づけると、0・40～0・50マイクロシーベルトといった高い数値を出すところもあった。

津波被害だけでなく放射能汚染の可能性もある。原発から近いが、でも今は放射線量は低い。しかし海の汚染はひどく、漁業を再開するのは難しいという面もある。このような状況で今後どうこの地区の復旧・復興を考えていくかは極めて難しい。

9 福島の除染に意味はあるのか

原発事故から7ヵ月が過ぎた今も「福島2号機、一時的に臨界か」といったニュースが平然と報道されるように、福島原発事故は現在進行中だし、根本的な問題解決もできていない。そして未だになお放射能物質は漏れ続けている。しかも廃炉にするにも30年以上かかるという。

そんな状況にもかかわらず、原発から20～40km圏内の福島県の小中学校が10月に再開されている。

子供に人体実験させるためなのだろうか。ろくに除染もされていないため、あわてて通学路や学校周辺だけを除染しているが、町全体を除染しなければ子供たちへの被曝は続くわけで、そもそも除染したところでまだ原発事故は収束しておらず、放射能物質は出続けている。そのような状況下で小手先の除染で子供たちを通わせてしまうのは、危険を促進しているだけにしか思えない。

福島に取材に行くと、現地の人や現地に深く関わっている人から、よくこんな話を聞く。

「本当は福島は封鎖してガレキ処理場にすべきだ。そうしたら岩手や宮城も助かるし、他県に放射能汚染されたガレキの拡散も防げる。福島は大好きだけどもうこうなってしまった以上、それしか方法はない」

福島の人に接すると、他県の人より異常に地元愛が強いと感じる。それはボランティアも感じているようだ。だから「福島を封鎖してガレキ処理場に」とか「放射能が危険なんだから復興ではなく避難すべき」というと「そんなの許せない！」と意地になって反論する人もいる。

いや別に年配の方はいい。他県に出てきた経験が少なく、慣れない土地でストレスためて暮らすぐらいなら、放射能で20年後、30年後にガンになろうが、愛する土地で生きて死にたいという人もいるだろう。ただ子供は巻き込まないでほしい。そのために莫大な除染コストが必要となる。政府も官僚も東電も信用できないことは、3・11以後のことで明らかになったわけで、未だに、原子炉内の正確な状況すら把握できてない。「ただちに人体への影響がない」という言葉は、裏を返せば「数年後はどうなるかわかりませんよ」「数年後のことは責任とれませんよ」という警告でもある。

以前「福島を復興してもいいのか？」というブログを書いたら、自称福島を愛しているという人から、「おまえは許さない」というコメントを書かれたことがある。福島を愛しているなら、小手先の除染で、子供たちを被曝させることじゃなかろうにと思う。除染してもすぐ高い値に戻ってしまうところもある。それどころかたいして放射線量が減少しない場合もある。そもそもいたるところで汚染されているわけだから、自宅だけとか学校だけとかやったところで、汚染からは逃れられない。にもかかわらず除染ボランティアを募集しているところもある。

目の前の除染のみに没頭することは、「現実逃避」であり「自己満足」であり、子供たちの将来健康被害の加害者になる可能性もある。原発が爆発したという重い事実をしっかり受け止め、小手先の除染で支援したつもりになるのは、考え直した方がいいのではないか。福島の放射能汚染は、東京世田谷のラジウムみたいに、ガラス瓶を撤去すれば低くなるみたいな話とはまったく違う。

普通に考えれば、除染する労力と金と時間があるなら、それを避難支援に回せばいい。西日本の過疎自治体で人が移住してきてほしいところはあるのだから、そういう場所への移住支援をするといった抜本的な解決策が必要だ。

もしかしたら、今騒いでいるほど、子供たちに健康被害はないかもしれない。でも恐ろしいのは、リスクがあるのかどうかすらよくわかっていないということ。リスクがわからない＝リスクがないではない。最も恐ろしいリスクとは、どこにリスクが潜んでいるかわからないことだ、というのは投資の世界なんかでも常識だが、リスクがわからないことをいいことに、短期的な視野でしか動けない人間が多いように思う。

10 除染という名の国家的詐欺

「福島を最終処分場にしろ。福島の除染は桜島の噴火が終わってないのに洗車するのと同じ」（田中康夫氏）

こんな当たり前のことがわかっていない人があまりに多い。「福島はかわいそうだ」とかいう同情論で、冷静に物を見られない国民やボランティアはともかく、除染の危険性やムダを百も承知の上で、原発というおいしい公共事業を失った代わりに、ボロ儲けしようとしている輩たちが、意味のない除染に莫大な税金をむしりとり、原発新設ができなくても、この先、何十年も除染で金儲けしようとしている。国民の犠牲のもとに。

除染の作業員が何人か死亡している。被ばくとは無関係だという。本当のことはわからない。しかしチェルノブイリでは、除染作業員の多くが死亡または健康被害に苦しんでいるとの噂も聞く。そんななか、原発から近い警戒区域の福島県楢葉、富岡、浪江の3町、計画的避難区域の飯舘村に自衛隊員が約900人派遣され、除染作業を強いられた。

まだ原発事故は収束していない。また大地震でも起きれば、さらなる放射能汚染が広がる恐れがある。大地震が起きなくてもまだ汚染は止まっていない。すなわち田中康夫氏のいう、「桜島の噴火が終息していないのに、鹿児島市内で愛車を水洗いしている滑稽さと同一」なのだ。

そもそも除染というのは放射能がなくなるわけではない。単に場所を移動させるだけに過ぎない。むしろ除染作業は土壌にこびりついている放射性物質を拡散させることを意味する。また除染と称して水で洗い流せば、その場の放射線量は低くなったところで、水が流れついた先が汚染されるだけの話だ。いわば玄関の前にあった毒物を、危険だからといって裏庭に埋めて、「ああ、よかった」といっているだけに過ぎない。「除染の際の水は如何に処理しているのか、杳《よう》として語られません」（田中康夫氏）。除染で出た放射性廃棄物をどこに保管するか、場所も決まっていないのに「除染」「除染」と騒いでいる。

それでも除染で〝玄関前〟が安全になればいい、と考える人がいるかもしれないが、危険をおかして除染をしても、放射線量が下がらない場所もある。コメの出荷停止が決まった福島市大波地区は何度除染しても数値が下がらないところがあるという。しかし意味のない除染費用に数千億円かかるとも言われている。なんという無駄な税金の使い方だろうか。

町を除染してもなぜ放射線量が上がるのか。その原因の一つは山や森林。山が汚染されており、雨が降るとその汚染された土が町に流れてきて再び放射線量が上がる。除染するなら山全体をしなくてはならないが、そんなことは現実的には不可能に近い。除染が不可能な森林を放置し、町をいくら除染したところで、まさに田中康夫氏の言うところの「福島の除染は桜島の噴火が終わってないのに洗車するのと同じ」だ。

莫大な費用をかけて除染をしたのに、たいした効果もない場所もあるという現実。ある海外メディアは除染について「最大の浪費事業になるかも」と指摘しているが、なぜこの最大の浪費事業が行われるのか。原発利権である。「除染ビジネスは原発を建てた大手3社が仕切る。建てて儲けて、壊れてからも稼ぐ利権構造」（東京新聞）との記事があった。ムダだろうが危険性があろうが、原発利権を守るために意味のない除染作業に莫大な税金が投入される。

ただやっかいなことは、除染がムダで税金の浪費にもかかわらず、福島に同情する人や、福島に固執する人が、除染作業の裏にある利権の意図を見ずに「福島のために除染をすべきだ」などといっていることだ。そして除染は無駄だなどといえば「福島を見殺しにする気か」と非難する。

こういう愚かな同情論のおかげで、原発利権でボロ儲けする企業は、福島同情論を後押しに堂々と莫大な税金無駄遣いをし、現場の作業員を危険な目にあわせて、この先、原発が動かなくても儲かる仕組みを作り上げているのだ。

しかし高い放射線量の飯舘村の一部の人は、こうした除染作業に対して反対の声をあげている。除染費用を3244億円と試算するが、「除染費用で土地を買い上げてほしい。そうすれば2年を待たずに次の生活が始められる」。莫大な除染費用を避難費用にあてれば、現実的にどれだけの人が救われるのか。

ではどうしたらいいか。除染に使っている莫大な費用を、福島の人の避難に使えばいい。残りたいという人は残ればいい。しかし避難したいけどお金や住居や仕事がなくて、福島に居続けなければならない人のために、除染費用を回せば十分お金は足りるだろう。原発利権に無駄な作業やらせて、この先何十年も何兆円と支払うなんてバカげたことをしているのだから、その費用を回せばいい。そしたら避難したい人の資金はまかなえるはずだ。

そして福島を廃棄物処理場にする。全国に放射能廃棄物をこれ以上拡散させないために、汚染された場所を廃棄物置き場にする。残酷かもしれないがこれしか日本が生き残る方法はない。同情論から反対し、一億総玉砕よろしく、みんな負けるとわかっている戦いに突っ込み、国民全員が命を無駄にするのか。それとも一部を犠牲にして、生き残る道を選ぶのか。

日本では「痛みを伴う改革」は必ず叩き潰される。目先の「正義論」や「同情論」からだ。しかしそれで全滅したら元も子もない。

これから徐々に小出しに、いろんな健康実害ニュースが増えるだろう。とりかえしのつかない事態になる前に、意味のない無駄金作業はやめさせなければならないと私は思う。

第6章　始まった自立支援のかたち

1 「ボランティアはもう来なくてもいい」と言われたら支援は成功

避難所が閉鎖され、ガレキの撤去も進み、今ボランティアがどう被災地を支援しようか迷っている段階のところが非常に多い。かといってこのまま何もしないのも忍びなく、無理やり自分たちがやることを作って、迷走しているところもある。こうした中、しっかりとした理念と専門スキルを活かし、個人の集まりながらうまく被災地支援を行っているのが、東日本大震災リハビリネットワーク「face to face」だ。

「face to face」の支援活動が素晴らしいと思ったのは3つある。①理学療法士などリハビリテーション職の専門スキルを活かした支援であること。②石巻市雄勝町など、被災地支援が行き届いていない地域に的を絞って活動をしていること。③現地の医療・福祉体制を乱さないと明記しており、支援活動が現地の自立の邪魔になるような余分な介入は行わないとし、活動期限をしっかり決めていること。当たり前といえば当たり前かもしれないが、この当たり前のことができないボランティアも少なくない。

迷走するボランティアの特徴は、①自身の専門スキルや社会的立場をうまく活用して支援をすればいいのに、そうしたスキルを活かせていない。②メディアが取り上げる場所ばかりに集まってしまいがち。③自立をさまたげてしまいかねない「余分な介入」までしてしまい、ボランティアが主役になってしまう。

ボランティアが陥りがちな失敗について、あらかじめ留意しながら活動を行っているのが興味深い。活動内容について、この団体を立ち上げた理学療法士の山本尚司さんに２０１１年９月に話を聞いた。

以下、山本さんインタビュー。

災害時において、医療関係者で真っ先に必要とされるのは医師と看護師。次に薬関係。薬剤師などがそれに当たる。そして最後がリハビリ関係者になる。このため震災直後、すぐに支援に行きたいという思いもあったが、行くきっかけをつかめずにもいた。４月頃よりリハビリ協会のボランティア募集もあったが、期間が長かったりして、条件が合わずに、行きづらかった。

理学療法士の山本尚司さん

しかし不自由な避難所生活が２〜３ヵ月続く頃になると、運動不足により廃用症候群（特定の器官を長期間動かさないでいることによって生じる障害）などになってしまいがちだ。そこでリハビリの専門知識を持った私たちのような存在が、運動指導、運動処方、リハビリを行っていく必要がある。すでに3月頃から個人で活動を行っていたが、同じような職能を持つ人たちが、やはり個人で支援活動をしているのをネットで知り、情報交換するようになった。

今後も継続的に被災地支援をしていくには個人では限界があるので、5月頃よりリハビリ職で支援している人たちを集めて、活動報告会を行うようになった。そのつながりが「face to face」立ち上げのきっかけだ。

今、通信手段が発達した世の中で、顔と顔を合わせることは非効率な行動だが、でもだからこそ、一番人の心を安心させることができる効果がある思う。3・11の震災で大切な人の安否を確認する。それははじめはメールであったり電話であったりする。でも直接会って安心する。3・11でわかったのは、顔と顔を合わせる重要性ではないか。そんな想いでこの個人の集まりを「face to face」と名づけた。

ただし私たちの活動は、現地で医療・福祉体制ができあがっているところには行かない。私たちが行けば、自立支援の邪魔になる可能性があるからだ。リハビリ職が不足していて、現状困っているところに行くというのが私たちの活動方針だ。

どこか私たちを必要としているところはないか探していた。知り合いから宮城県の牡鹿半島方面は、まだ支援の手が足りないのではないかという情報を得た。そこで調べていくうちに、そのそばにある石巻市雄勝町を知った。ネットではほとんど情報はなく、現地の病院に電話をしてみると、現地の支所に電話がつながり、リハビリ職は足りていないのですぐにでも診察してほしいとのこと。そこで2011年7月より、石巻市雄勝町を中心に、リハビリ支援の活動を始めた。

リハビリ専門医師、理学療法士、作業療法士、言語聴覚士、管理栄養士、保育士など、現在約80名が「face to face」に登録しており、ほぼ毎週チームを組んで、仮設住宅や個人宅を回り、運動指導を行っている。

被災地支援をするなら、自分の得意なことをした方がいい、ということをずっと考えてきた。

専門職集団だからこそできる支援がある。ただ私たちの最終目標は「生活再建のための被災者の自立支援」であって、リハビリはそのツールでしかない。リハビリを通していろんな会話をしたりすることや、リハビリに集まってくることをきっかけに、被災者同士のコミュニティづくりになればいい。このため最近では人が集まりやすいよう、リハビリ体操に手芸教室を組み合わせるなど、被災者の方が集まりやすい要素も交えながら、支援活動を行っている。

＊　＊　＊

個人の集まりにもかかわらず、活動方針や理念がこれだけしっかりしている団体はとても珍しいというのが感想だ。何より山本さんの話を聞いて思ったのは、「ボランティアの人はもう来なくてもいいよ」と現地の人から言われるのが、実は一番素晴らしい活動なんじゃないかということだ。

被災地に行き、帰り際になると、被災者の多くの方はボランティアの方々に、「また来てください！」と懇願する。被災地にとってボランティアの果した役割は、非常に重要で大きいからだ。そう被災者の方に言われたら、「ボランティアはとりあえず一度行ってみればいいか」と思っていた人も「こんなに自分が役に立つならまた来よう！」「この人たちを見捨てるわけにはいかない！」と思うのが普通だ。私もそう思って、何度も何度も同じ被災地に行くようになった。

でも「ボランティアにまた来て欲しい」というのは、支援がまだ不十分だという裏返しの言葉とも考えられる。「いや、ほんと来てくれて助かった。でもうちらだけでなんとかなるし、当面、困っていることもないから、また来年にでも遊びにきてよ」なんて言われたら、実はこれが一番の褒め言葉であり、被災地支援のゴールなんじゃないか。つまりボランティアなしでも被災地の人たちでやっていける、自立支援ができたということなのだから。

今回の震災は被害も甚大で広範囲に及んでいるだけに、そう簡単にボランティアは必要ないとはならないだろう。むしろこれほどボランティアが活躍した災害はないとさえ言える。ボランティアに行こうかななんて思っているだけで、実際に行動に移せる人は10人に1人ぐらいしかいない。そのような意味でボランティアの人たちはすごいことをしていると思う。ただそれが延々続くのは、被災地の自立にはならないし、ボランティアにとっても相当の負担になる。

どこかでボランティアも被災者も、またもとの生活に戻れるのが理想だ。だからそこをゴールに活動をすることが大事。すなわち「もうボランティアが来なくてもいい」と言われるような支援ができたら、矛盾しているかもしれないけれど、それが理想のゴールなのかなと。

もちろんこの震災でできた縁は、今後もいい形で続けていき、交流しあえばいい。でもボランティアに依存させてしまうのは違う。それは当たり前のことだけど、いざ被災地支援にのめりこんでしまうと、一体、何がゴールで何が目的で活動しているのか、わからなくなる人もいる。そうならないように、明確に活動方針や活動期限を決めて、かつ専門スキルを活かした個人ネットワークの支援活動をしている「face to face」の支援の仕方は、非常におもしろいなと思った。

屋上まで津波がきた海沿いにある雄勝病院（2011年10月9日撮影）

2　今、必要とされるボランティアとは？——専門職の個人ネットワーク

避難所の多くが閉鎖された今、本当に必要とされるボランティアとは何なのか？　震災直後の緊急支援が終わった今、誰もかれもが押しかけて、自己満足的に活動をしても意味がない。被災者、被災地のためになる、支援活動のモデルケースを紹介したい。

高さ20mもの津波が押し寄せ、3階建ての病院にいた患者や病院関係者は、屋上に避難したもののほぼ全滅。64人が死亡した……。

石巻市雄勝病院。震災で悲惨な出来事は数多くあれど、この雄勝病院での出来事もそのひとつだろう。いくら海沿いとはいえ高さ15mの病院の屋上にまで、津波が襲ってくるなんて、一体誰が想像できただろうか？　石巻中心部から車で1時間ほど。雄勝町の中心部は壊滅的な打撃を受け、病院はもちろん雄勝支所も被災し、完全に町としての機能を失った状態だ。

町中心部にある郵便局。外も中も津波でめちゃめちゃに（2011 年 10 月 9 日撮影）

雄勝町は町の中心部から突き出た半島に、海に面した集落が点々としており、そこも壊滅的な被害を受けている。家が流され、仮設住宅に住む人も、運よく高台にあり家は流されなかった人も、高齢者が多く、病院機能の喪失は大きな問題となっていた。

こうした中、雄勝支所の保健福祉課と連携をとり、被災地のリハビリ支援をしているのが、リハビリ専門職が集まった、個人ネットワーク団体「face to face」（ＦＴＦ）だ。津波被害により行政機能の多くを、緊急避難的に山間の雄心苑に移転した。東京ほか全国から来たＦＴＦのメンバーは、雄心苑に立ち寄り、まずカルテを見る。カルテは震災後に診察を行ったＦＴＦの医師がすべてチェックし、必要な指示や申し送りを書き込んでいるので、その指示に従い、リハビリ処方という同等の形で、電話をかけて訪問してリハビリテーションを行う。

２０１１年10月９日。岩手の実家から車で来た下田理学療法士、東京から岩田理学療法士と私の３人で、津波被害のひどかった雄勝町の名振の仮設住宅を訪問する。事前に現地に入っていたＦＴＦのメンバーが、「プロカメラマンかさこ（筆者）による撮影会」のビラを配っており、今日はその当日。撮影会が主たる目的というわけではなく、それによって仮設の人とのコミュニケーションをとりながら、「どこか体の痛いところはないですか？」と理学療法士がヒヤリングする。長い避難所生活や狭い仮設住宅生活で、運動不足による身体機能の低下が大きな問題となっている。仮設住宅を１軒１軒回り、リハビリが必要な人がいないかどうか聞き、そうした人がいれば次回に医師を派遣し、リハビリを行う。

午後は、香川県から来た谷本理学療法士と、雄勝町のある集落へ。海沿いの家は津波でやられ

仮設住宅を1軒1軒訪ね、体調に変化がないかなどをFTFのメンバーが聞き込みする（2011年10月9日撮影）

てしまったが、高台にあった数軒の家が残っており、以前にFTFの医師が訪れたことがあり、この4軒の家を訪問し、ヒヤリングと、カルテに沿ってリハビリを行う。

被災地支援というと避難所や仮設住宅に集中しがちだが、津波被害にあわなくても残された住宅に住む人もいわば被災者だ。周囲の家はなくなり集落や町の機能が失われているなか、住めるから住んでいるものの、以前のように町の機能が回復していないために、不便をきたしている。こうしたところにも支援が必要だ。

そこで印象的だったのは「老老介護」の家庭。90歳を過ぎたおばあちゃんを70歳の娘が面倒を見ている。おばあちゃんの方は運動不足で歩行機能が低下しており、ボールを使ったリハビリを行っているが、娘さんの方にも話を聞いてみると、「毎日、食事を作らなきゃいけないので大変。もう疲れちゃって8月には腰痛がひどくなり歩けなくなったことも。今は石巻まで車で1時間かけて病院に通っている」という。どうもリハビリが必要なのはおばあちゃんだけでなく、娘さんにも必要そうだ。

仮設住宅だけでなく、被災地域の残された家にも個別訪問し、運動指導を行うＦＴＦ（2011 年 10 月 9 日撮影）

訪問リハビリボランティアという形で、こうして話を聞くからこそ拾えるニーズだろう。

おばあちゃん、娘さんにリハビリをしているところに、数軒残ったご近所の人が遊びにきたので、この方にも体の状態をヒヤリングする。こうして津波被害のために取り残されてしまった地域のリハビリ支援を、１軒１軒、丁寧に行っている。

リハビリを終えて帰る際に、70歳の娘さんがこう言った。「震災があって近所の家の多くが流されちゃったから、最近は家に遊びに来る人が少なくってさみしかった。だからこうやって人が来てくれるのはうれしい」。リハビリは単に体のコンディションを整えるだけでなく、心のケアにもつながっているのだ。

ＦＴＦのリハビリ支援活動に同行取材して感じたこと。

①医療が失われた地域の機能を補うための支援。例えば冬物が地域の店で売っているのに、冬物支援をするとか、下手をするとその地域の自立や経済活動を妨げるような支援ではなく、震災により失われて困っている機能

の支援をしていること。
②家を流された被災者だけでなく、集落に取り残された人たちも支援していること。安直なボランティアは避難所や仮設住宅ばかりを支援してしまいがちだが、震災で困った状況に置かれているのはそうした人たちだけではない。そこにきちんとあわせてフォローしている。
③リハビリ専門職という資格集団の集まりゆえ、突然個人がボランティアに参加しても、カルテを見れば状況がわかり、すぐに支援ができる。例えば今回、ネットでＦＴＦを知り初参加した理学療法士がいても、「リハビリ専門職によるリハビリ支援」という内容の明確さがあるので、すぐに一人でも支援活動ができる。カルテと引継ぎノートがあるので、毎回何度も来られる理学療法士がいなくても、飛び入りの参加でもすぐ即戦力となって、すべき支援ができる。
何でもやります的な烏合の衆のボランティアは、震災直後は必要かもしれないが、今の段階では、同じ職業が集まり職能を活かした支援の方が確実に機能する。

今、必要なボランティア活動とはこのような支援ではないか。被災地に行って、首都圏で働いているのでは味わえないような「やりがい」を感じ、また被災地の人と顔なじみになったことから、今さら見捨てるわけにはいかないといった「同情心」が肥大化したボランティア。もしくは、自分たちだけがいい生活していいのかといった「罪悪感」から、自分の気持ちを満足させるために、前の状況とはぜんぜん違うのに、要るんだか要らないんだかわからない支援を続けること。それらはともすれば現地の「職」や「自立」を奪うことになりかねない。

それなら自分の職業や職能を活かした支援に切り替えるべきではないか。それは必ずしもＦＴ

Fのように現地で顔を合わせてやることとは限らない。被災地以外で今の自分の仕事を真剣に打ち込むことだって、その仕事が社会に必要とされているのなら被災地支援になるはずだ。逆にFTFのように、今だからこそ、現地に行って顔を合わせて被災地支援をすべきという活動もあるだろう。

「支援をしたい」と思っている人はいっぱいいるだろうが、その気持ちを無駄にしないためにも、今、被災地に欠けているもので、被災地の経済活動を邪魔することなく、被災地で必要とされていて、かつ自分の得意分野や職業が活かせることを考えて、被災地のボランティア依存ではなく、自立支援になることを行いたい。

3　会社を辞めて被災地で事業を始める理学療法士

「来年、陸前高田市で介護保険事業をスタートします」

そう語るのは埼玉県在住の理学療法士、木村佳晶さん（35歳）。2011年いっぱいで、今勤めている介護施設を退職し、震災で町が全滅に近い岩手県陸前高田市で介護保険事業をスタートするという。

震災から時が過ぎ、被災地支援のあり方は大きく変わってきた。しかし未だに震災当初と同じく、ただひたすら〝貢ぐ〟ことで自己満足を得ている、自立支援にはならないボランティア活動をする人がいる。一方で、被災地が自立し復興するには何が必要で、何が必要でないかを真剣に考え、行動しているボランティアの人もいる。

先日NHK教育テレビでも紹介された、リハビリ専門職のボランティア団体「face to face」(FTF)は、被災地の自立を焦点に当てて余分な介入は行わず、手が足りない被災地に重点を絞って支援活動を行っている。FTFのメンバーの木村さんは、2011年10月1日に行われたFTFの第6回報告会で、「陸前高田市の介護保険事業計画」について発表を行った。単純にすごいと思った。一過性のボランティアではなく、単なる無償支援ではなく、支援活動の継続性を担保するために、事業として活動を行う。ただ一方的に与えるだけのボランティアではなく、事業を通じた支援活動が成功すれば、復興自立支援のモデルとなるはずだ。

2011年11月5、6日の2日間、木村さんと同行取材した。

介護保険事業を行う予定地は陸前高田市竹駒町。海から約3km も離れているが、近くを流れる気仙川に津波が駆け上がり、この一帯も津波被害にあった。予定地には仮設の薬局が2011年7月からオープンしている。陸前高田市の薬局すべてが津波被害に合い、薬をもらえる状況になかったため、災害支援を行っているLOTSという団体が土地を持っている地元の方から土地を借りて、仮設店舗をつくって営業している。LOTSもただひたすら与えるだけの支援ではなく、「短期的な支援のみならず、事業展開、雇用創成を行い、東北復興、ひいては日本再建を目指す」という活動理念を掲げている団体だ。

木村さんが被災地支援をしようと思ったきっかけは、4月頃に放送されたテレビ番組だった。この頃、木村さんは「何か被災地支援ができないか」と考えていたが、当時のメディアの個人ボランティア迷惑論的雰囲気もあり行けずじまいでいた。しかしこのテレビ番組は、個人1人のボランティアでも、いくらでもできることがあるという内容で、それに勇気づけられたという。そこで5月に1週間の休みをとり、気仙沼大島で泥かきや小屋の片付けなどをしていたのが、被災地にかかわった最初の活動だった。

その後も被災地を訪れ、主に物資の運搬などの支援をしている中で、ＬＯＴＳとも連携しながら活動を行っていた木村さんは、ＬＯＴＳが運営する薬局に続き、この場所で介護事業を行おうと考えた。震災で失われた薬局機能や病院機能。これらが復旧しないと復興は難しい。理学療法士のリハビリ支援とは、日常生活を自立して送ることができるよう機能回復の訓練などを行うのが目的。まさに自立支援だ。

仮設住宅などに入ってしまいひきこもる機会が増えれば、自分で動くこともできなくなってしまうし、阪神・淡路大震災でも問題になった孤独死が今回の震災でも深刻化する恐れがある。被災した高齢の方がかわいそうだからといって、何でもボランティアが代わりにやってあげれば、被災者が余計に動く機会がなくなってしまい、そのうち自分では何もできなくなってしまう。自立支援でなければ被災地の復興はあり得ない。またボランティアの方もいつまでも無償支援していたら、金の切れ目が縁の切れ目ではないが、息切れしてしまう。というか自分が倒れてしまう。

今回の震災はあまりに被害が大きいため、ボランティアの依存度が極めて高く、活動の負担が重くて疲れてしまっているボランティアも多い。どこかで有償なり事業なりにしないことには、支援活動を継続的に行うのは不可能に近い。そのような意味でボランティアから事業に転換し、現地で雇用も生み出そうと考えている木村さんの被災地での介護保険事業というのは、極めて興味深い活動だ。

今はまだ準備段階のため、具体的に目に見える形で事業が始まっているわけではないが、着々と準備を始めている様子だった。現地に週4日は木村さん自ら滞在し、スタッフの雇用もする予定でいるという。木村さんの取り組みが、被災地復興の成功モデルとなればいい。

4　被災地旅行はダイレクトな義援金

「えっ、かさこさん、そんな高級温泉旅館に泊まってるんですか？　1泊2万円ぐらいするんじゃなかったでしたっけ……」

2011年5月・6月に福島県いわき市を訪れた際は避難所に宿泊した。避難所が閉鎖された7月・8月は、いわき市内の湯本温泉街にある老舗温泉旅館に宿泊している。歴史ある温泉旅館だけに地元の人が驚いたのである。でも素泊まり4000円。これで源泉かけ流しの温泉大浴場もあり、部屋には風呂もトイレもついた広い和室に泊まることができる。なぜか。一般の宿泊客が激減しているからだ。

「すみませんが、階段で行ってください。エレベーターが故障しているもんで」

地震でエレベーターが故障したとはいえ、もう8月。まだ直していないのには深いワケがあった。「銀行に相談したら、『修理しなくてもいいんじゃないですか』って。この先、厳しいのに余計なことにお金を使うなって意味ですかね……」と宿の主人はいう。ただ訪れた時は幸いにして毎日のように満室で、7月も8月もあと1室が運良く残っていて予約が取れた。観光客は皆無だが、原発近接エリアの広野町から避難されている方や、原発作業員の方が宿泊しているため、連日満室となっている。

「でも避難されている方はどんどん出ていっていますし、原発作業員の宿泊施設はもっと原発に近い場所に作るという話も聞きます。そうなったらもう誰も泊まりにきません。だって福島ですからね……。福島にわざわざ観光で来る人なんていないですよね」

今は良くてもその先は目に見えている。それをひたすら心配しているのだった。

「近くの旅館の人とも話をしているんですが、最低でも10年たたないと客は戻らないんじゃないか。もしくは1世代、代が変わらないと、福島なんて行きたくないって人がほとんどじゃないですかね……」

唯一の希望は近くにある「スパリゾートハワイアンズ」が復活すること。映画「フラガール」でも有名になった一大リゾートスポットだけに、ここが営業を再開してくれれば客足は多少なりとも戻るかもしれないという。ただスパリゾートハワイアンズにも宿泊施設はあるので、ここに泊まるかどうかは微妙だ。

先行きが厳しいことを見越して、従業員を45名から15名に減らした。最低人数でなんとか厳しい時期を生き残ろうと必死だ。「こんな状況ですのでいつものおもてなしはできないですが、先月といい今月といい、泊まっていただきありがとうございます」と深々と頭を下げてくれた。

被災地ではお金を出さなくても、ボランティアや災害関連関係者用に、無料で泊れる場所がいくつかある。震災直後で避難所がいっぱいで、かつ旅館もホテルも営業できない状況なら、お言葉に甘えてこうした無料施設に泊まるのはいいと思う。でももう避難所はほとんどなくなり、津波被害エリア以外の町は通常の状態になっている今、「被災地支援」ということを考えたら、無料で泊まれるところを利用するより、温泉旅館でもビジネスホテルでもお金を払って泊まることは、現金を地元に落とすいわばダイレクトな「義援金」になるのではないか。

ボランティアは被災地での滞在費を安くあげようということばかりでなく、被災地のホテルに泊まってお金を落とすことで、自分たちの体も休まるし、泊ることも被災地支援になるという発想を持って行動してほしい。

1ヵ月も2ヵ月も現地にいるなら、さすがにホテルに泊るのは金銭面でしんどいだろうが、1ヵ月に1度ぐらい来るボランティアなら、1泊4000〜5000円ぐらい支払えば、それも支援になると考えればいい。

「今はこんな状態で普段のいい料理はお出しできないですけど、いつか震災前の旅館の状況に戻ったら、おいしい料理を食べてゆっくり泊まっていってください」

こうしてまた被災地との1つの縁ができる。そしてまた来ようと思う。被災地の人と被災地以外の人とがつながるきっかけができることが、継続的な支援につながるのではないか。

被災地は津波被害エリアだけではない。被災者は津波被害者だけではない。被害は少なくても客が激減して苦しんでいる温泉旅館は「被災者」だ。被災地の問題は多様な広がりを見せていることを忘れてはならないと思う。

5　被災地の観光地化をどう生かすか

津波で壊滅した気仙沼市内の沿岸部に、続々と人が集まる場所がある。津波でかなり陸地の入った所まで流された大型船のある場所だ。車を降りて下車する見学する人も多く、なかには記念撮影をするグループもいた。「不謹慎でけしからん！」「被災地を見学するとは何事だ！」という意見があるかもしれないが、そんなことを言っても見たい人は止められない。むしろこうした被害の傷跡を有効利用し、県外の人を呼び寄せる材料にしてお金を落としてもらえば、被災地復興にもつながるのではないか。

例えばこの船を見に来た県外の人は、被災地復興資金として1000円以上募金するようにする。それこそ商魂たくましいアジアの新興国なら、こうした「名所」を利用し、便乗商売に精を出すだろう。記念撮影屋さんから被災地グッズを売ったり、飲み物、食べ物を売ったり。日本人のメンタリティには合わないかもしれないが、そのぐらいの強欲さがあってもいい。逆にそうした欲がないと復興は難しい。

「阪神・淡路大震災の時は、関西人のたくましさ、いい意味での強欲さもあったから復興も早かったが、東北人は我慢強いせいで復興が遅いのではないか。もっと強欲なぐらい、あれも欲しいこれも欲しいといってほしい」

海から内陸に津波で流された大型船（2011 年 11 月 6 日撮影）

何人ものボランティアから、関西人と東北人の気質の違いが復興のスピードに影響しているという話を聞いた。打ち上げられた大型船を商売にしてしまうぐらいの貪欲さがあれば、復興に向けての力強さは変わってくるだろう。倫理的にいい悪いは別の話として。

この大型船を津波被害を風化させない災害遺構として保存し、残そうという動きもある。気仙沼に限った話ではなく、石巻市雄勝町にある3階建ての建物の上に乗ったバスなどもその1つだ。しかし賛否両論わかれている。二度とこうした津波被害を繰り返さないために残すべきという意見と、震災の痛ましい記憶を町に残しておくのはあまりにつらすぎるので撤去すべきという意見だ。

未来永劫この先も保存して残しておくべきかはともかく、私はこうした象徴的な災害遺構は、県外から人を呼び込み、町を活性化させるためにとっておくべきだと思う。わざわざ記念撮影をしにくる人もいる。それを無料で見せるのはもったいない。何らかの形で金を落とす仕組みを作ればいい。単に災害遺構の写真を撮るだけでな

雄勝町のバス（2011 年 10 月 8 日撮影）

く、何らかのボランティア作業をしてもらうなり、被災者の話を聞いて防災教育に役立てるなり、観光客にとっても被災者にとってもプラスになる「資源」として利用できるはずだ。

負の遺産をあえて残して歴史を語り継がせるものとしては、アウシュヴィッツの強制収容所や広島原爆ドームなどがある。こんな痛ましい施設を残しておくなどもってのほかだという意見もあるだろうが、二度とこうした悲劇を繰り返さないための教訓として、今は世界中から多くの観光客が訪れる世界遺産となっている。

被災地が復興するには経済の活性化が必要だ。そのためには県外から人を呼び、お金を落としてもらうことが重要になる。しかし津波によって多くの観光資源が消失してしまった。でも不謹慎な言い方かもしれないが、他の地域では決して見ることができない、あまりにも生々しい災害遺構が被災地にはある。それを利用しない手はない。

震災当初に物見遊山で観光というのはどうかと思うが、

震災から時が過ぎ、復旧から復興へと今まで以上に厳しい段階に被災地は入っている。復興の手助けに、そして津波や地震の恐ろしさを知る貴重な学習機会として、災害遺構をうまく活用してほしい。

観光客気分で訪れた人も、テレビや新聞などで見るより、現地に赴きその甚大なる被害を生で感じれば、自身の生活の防災意識も高まり、被災地に対する意識も変わるのではないかと思う。

6 絶望から希望を見い出した離島の奇跡

どんな絶望的な状況であっても、頭を使って知恵を絞れば思いもしない奇跡が訪れる。絶望から希望を見い出した奇跡の島、わずか3ヵ月で目標支援金1億5000万円を集めたのが、宮城県石巻市の田代島だ。

3・11で壊滅的な被害を受けたのが宮城県石巻市だ。沿岸部だけでなく、川からも水があふれ出し市内の多くが浸水被害を受けた。石巻市中心部がこのような状況では、その先の小さな離島などに復興支援の手が回るわけがない。石巻港から約1時間半、人口100人あまりの田代島もその1つだった。

田代島の人的被害はそれほど多くはなかった。町が全滅といったような壊滅的な打撃も受けていない。しかし津波により漁港がやられた。石巻からくる船乗り場は津波と地盤沈下により水没。島の主力産業であるカキの養殖施設や漁船、漁具が流されてしまった。

田代島のガレキ置き場で遊ぶノラ猫（2011 年 10 月 10 日撮影）

被害総額はおよそ1億5000万円。最低でも8000万円が必要となる。しかし少ない漁師たちでまかなえる金額ではない。高齢化率82％、60歳以下の者は10人にも満たない限界集落の島。震災を機に、この島が行政から見捨てられてしまってもおかしくはない状況にある。

「このままでは島は終わってしまう」「だからといって行政はあてにできない」「自分たちで何とかするしかない」

島に移住してきた若者がいた。その一人が中小路昇さん（42歳）だ。2005年に神奈川から脱サラして漁師見習いとして島に移住。漁師としては3年前に独立。最近になってカキ棚も譲り受け、カキの養殖業も手伝っていた。その矢先の震災だった。はっきりいってすべてパー。数千万円かかる仕事道具がなくなってしまったのである。

しかし中小路さんら漁師仲間など7人が集り、復興の方法を考えた。そこで思いついたのが「にゃんこ・ザ・プロジェクト」、猫島の災害復興支援のための基金である。2011年10月に田代島を訪ね、中小路さんに話を聞いた。

「はじめは三陸牡蠣再生プロジェクトに参加しようと思っ

トイレもまだないにもかかわらず、ネコ目当ての観光客が10数人訪れていた（2011年10月10日撮影）

た」という。このプロジェクトはカキの復興オーナー制度で、施設再生のために1口1万円を支援すると、カキ棚が復活して出荷できるようになったらカキがもらえるというもの。田代島もカキが主力産業だ。しかし中小路さんらは思った。「田代島はカキだけじゃない。猫が重要な観光資源だ」と。

２００８年に約３２００人だった観光客は、２０１０年には4倍近い約1万２３００人に増えた。増えた要因、それは猫。田代島は猫が神様の島。猫神社があって猫がまつられ、犬は島内立入禁止。島の人口１００人と同じぐらい猫がいるとも言われている猫島なのだ。

「猫とカキの2つを復興プロジェクトの柱にしようと思ったので、三陸牡蠣再生プロジェクトではなく、島独自でやるしかないと思った」

こうしてカキオーナー制度に猫を加えた、ユニークな離島独自の復興支援基金が立ち上がったのである。目標金額は1億５０００万円。うちカキ復興や漁具購入が50％、猫のエサや医薬品購入、観光設備資金が10％、猫グッズや送料、事務経費などが40％。

「基金を立ち上げたものの、正直、目標金額に達するまで、一体何年かかるのだろうと思っていました」

ところがである。6月10日にプロジェクトを立ち上げ、わずか3ヵ月で目標金額に達成したのだ。猫の力は絶大だった。もしカキのオーナー制度だけだったら、こんなにも早く資金は集らなかったのではないか。カキの産地なら日本中他にもいくらでもあるわけだし、田代島のカキが全国区で有名かといえば、そうではない。でも高齢化率82％の限界集落には、他のどこにも負けないウリがあった。猫である。いや全国の島猫行脚をしている私から言わせれば、猫がたくさんいる島なんて他にもいっぱいある。でも猫が神様で猫神社まである島は田代島以外にはない。「にゃんこ・ザ・プロジェクト」と銘打ち、カキだけでなく猫も観光資源として活用して、プロジェクトを立ち上げたところに成功の鍵があったに違いない。

「でも昔から島にいる人は未だに不思議がってますよ。『東京に猫はいねえのか！　猫はそんなに珍しい生き物なのか！』って（笑）」

猫神社もある猫の島だからこそ、わざわざ遠く離れた田代島まで猫目当ての観光客がやってくるのである。その島の特徴を客観視できたのは、中小路さんら移住してきた外の視点を持った人が島にいたからだろう。そして立派なホームページを立ち上げ、そこで募集するという仕組みも都会の若い人ならではだと思う。それがなければこんなに短期間で1億5000万円ものお金は集らなかっただろう。

義援金を寄付してもろくに配分されなかったり、配分されるまで遅かったり、配分方法が形式ばったりしていて被災地を支援したいという思いがダイレクトに活かせないことが、被災地域が広かっただけに、より深刻な問題になっていた。でもこうした支援ならダイレクトに島の人にお金がわたる。何に使うかも明確になっている。しかも単に金をもらうだけでなく、そのお金でカキ養殖業が復興したらカキを送るというプレゼント付きだ。猫グッズもくれる。

こうしたアイデアは、絶望的な状況でなければ生まれなかったのではないか。行政も頼れない危機的な状況に追い込まれたからこそ、知恵を絞って自分たちで復興の道筋となる資金を集められた。田代島の復興支援プロジェクトは、今の政治・行政・自治体のやり方に、大きな疑問を投げかけた試金石ではないかと思う。

景気が悪いから増税して金を集めて金をバラまくとか、景気が悪いからハコモノをひたすら作りまくるとか。金がないと何もできない、金ありきで物を考えるから、不必要なものまで作ってしまう。でもノラ猫が観光資源になり、そのおかげでみんなが率先して、善意で1億5000万円ものお金がたった3ヵ月で集まるという事実。お金をかければいいというものではない。要はアイデア勝負ということだ。

それは過疎化した日本の自治体にもいえる。過疎化して町の人口が減っているから、豊かな恵みの海を汚染して原発誘致して町を潤わせようという、安直な自治体がどれだけあったことか。結果、死の町と化した。でもそれでは子供たちに町を引き継げない。

徳島の漁村・伊座利もそう。かつてのいわき市のフラガールもそう。この田代島もそう。辺ぴな土地で行政からお金をもらうメドがないからこそ、自分たちで頭を使って、自分たちの町ならではのよさを最大限に活かし、活性化をしようとしている。

「2012年をめどに、観光客が使えるトイレ施設と島の物や猫グッズを売る売店を作りたい」と中小路さんは話す。売店は大賛成。私は今まで田代島に3度赴いているが、店がないのでお金を落とすところがない。しかもノラ猫を撮影するだけだから、何の入園料も入場料も払っていない。でも島の人たちのおかげでノラ猫が暮らしていけるのだから、少しでもその足しになるようなお金を落とせる場所があったらいいなと思っていたので、売店はありがたい。食堂もあるとなおいい。

それでも田代島の厳しい状況は変わらない。

「10年先、田代島は大きく変わっているでしょう。このまま行けば、数十人の島になってしまう。震災を機に立ち上げた『にゃんこ・ザ・プロジェクト』をきっかけに、猫関連の観光産業やカキ養殖産業を復活させ、島に雇用を生み出したい。雇用が生まれれば人は増えるはずだから」

70歳、80歳の人が10年先を考えて行動するのは難しいだろう。しかし40代の中小路さんだからこそ、目先の震災復興だけでなく、10年先まで考えた行動をしている。移住してきた若い者の考え方に、なかなかついてこれない人もいるし、反発する人もいるかもしれない。しかし時代が変わる中、いつまでも同じことをしていたのでは島の活性化はあり得ない。古き良きものは残しつつも、時代に合わせて変わっていかなければ、地域は生き残ってはいけない。

田代島は20年前には倍の約200人、かつては1000人もの人口がいた時もあったという。小中学校もあった。それが今や人口100人。実際には70～80人しか住んでないという。今、地方はもちろん、日本全体がこうした衰退危機に陥っている。でもノラ猫がいっぱいいるというだけで、年間1万2000人もの観光客が訪れ、3ヵ月で1億5000万円ものお金を集められる。

自分たちの地域の特徴は何なのか。外の人間にとってここに来る魅力は何なのか。そういうものを最大限に活かせば、震災で絶望的な状況にあった離島が、復興のスタートラインに立てるのだ。田代島の知恵を学んで、被災地の復興や衰退する地方の活性化のヒントに役立てたい。

7 椿が被災地を救う? 気仙沼大島の取り組み

「震災で美しい浜辺もなくなり、海の幸も当分はとれない。本当に何にもなくなってしまった。この先、旅館で生きていくには新たな手を打たないといけない……」

こう語るのは、気仙沼大島の旅館「椿荘花月」を営む村上盛文さん(37歳)。東北沿岸部で壊滅的な被害を受けた宮城県気仙沼市。そこから船で25分、気仙沼大島もまた、津波と火事により大きな被害を受けた被災地だ。2011年11月に「椿荘花月」に泊り、村上さんにいろいろ話を聞いた。

気仙沼大島は人口約3500人、島の周囲は約22kmで、東北地方最大の有人島。陸中海岸国立公園に指定され、美しい砂浜が3ヵ所あるなど観光が主力産業の1つだが、今回の震災により、海水浴目当ての観光客は当面呼べそうにない。島名産のホタテも、養殖しているいかだも流されてしまい、復活には2~3年かかるという。「今はボランティアさんや工事関係者などで旅館業を営んでいけるが、この先、観光客はあまり期待できないので厳しくなる」と村上さんは悩んで

旅館「椿荘花月」を経営する村上さん一家（2011 年 11 月 6 日撮影）

いた。

とはいえ震災がなくても民宿は減っていた。かつて100軒は民宿があったというが、震災前は約20軒前後。震災により海辺の民宿は津波被害にあい、今や約10軒程度で、まともに営業しているのは2～3軒しかないという。その他に旅館が7軒程度だ。ただでさえ民宿・旅館業で食べていくのには厳しい時代に、追い討ちをかけるように震災が起きた。観光資源であるホタテや砂浜被害で観光客回復の手を打たないと、このままではやっていけなくなるという危機感を抱いていた。

一体、この島に何があるだろうか？　他の観光地にはない特徴とは何だろうか？　たどりついた答えが「椿」だった。島にはたくさんの椿が自生している。毎年、椿が咲く3～4月頃には、「つばきマラソン」と銘打ったマラソン大会が開催されているほど。「早春椿ハイキング」も開催され、多くの観光客を集めていた。震災により多くの観光資源を失ったが、残っているのは椿だけだった。

島の活性化・復興を行うため、椿を軸にしようと、村上さんほか何人かの島の人たちが動き始めた。まず観光客が椿をじっくり見られるような公園を整備すること。すでに土地も確保し、徐々に整備を始めている。整備の作業にはボランティアにも手伝ってもらった。ここには大島の椿だけでなく、全国47都道府県の椿も植える予定だ。椿のテーマパークといったところだ。

しかし桜ならともかく椿を見にくる人っているのだろうかと不思議に思ったが、世の中には椿好きの椿マニアがいて、各地の椿を見にくる人もいるという。

「前にうちの旅館名に椿がつくことから、その理由だけで泊りに来たという人もいました」

マニアの力をあなどってはいけない。ものすごい経済効果を生む。工場萌えブームで工場見学ツアーができて人気となっているのもその一例だろう。もちろん椿マニアだけでなく、椿が一斉に咲く様子が見られる公園があったら、それは一般の人でも楽しめるだろう。

そしてもう1つが「ツバキ油」。毛髪用、スキンケア用としてお土産に人気の品だ。これまで工場は島になかったが、今回の震災で工場は被災にあった。今後は島に工場を建設し、ツバキ油の製造・販売ができないかと考えている。同じく椿で有名な伊豆大島から、搾油機の提供を受けた。

この気仙沼大島に見られるように、東北の復興とは震災復興だけでなく、「過疎化復興」という面も大きい。震災が起きなくても、何もしなければ観光客はどんどん減り、経済は衰退していただろう。そこに震災が追い討ちをかけた。そのために、なおさら何かアピールできるものが必要だ。

被災地もそうだし、他の地域でもそう。そして個人でもそう。何か他にはない人を惹きつける魅力、個性がないと、今はどんどんジリ貧になる。猫でも椿でも工場見学でもB級グルメでも映画ロケ地でも何でもいい。何か個性や特徴がないと、この先は生き残っていけない。

気仙沼大島は椿を突破口に復興の道を歩み始めた。こうした1点突破で被災地が復興できるモデルができれば、他の被災地でも応用できるのではないか。

「当面はボランティア半分、観光半分の、『被災地ツアー』のような形で、多くの人が防災を学ぶきっかけに訪れてくれればありがたい」と村上さん。宿に来た際、村上さんのお母さんは「おかえりなさい」と言った。そして宿を去る際には「いってらっしゃい」と言った。「またぜひ来てください。待ってますから」と。

県外の人が被災地支援をするなら、今後はボランティアという形だけでなく、観光客として地元にお金を落とすことも重要になるだろう。

8　「フラガール戦略」に復興の鍵

「フラガール」で有名なスパリゾートハワイアンズが、震災以来、本格的に営業を再開した。各メディアは「他に話題がないのか?」と思えるほど、連日のように大々的に取り上げているが、この「フラガール戦略」にこそ、過疎化し、被災し、大打撃を受けた被災地復興のヒントがあると思う。

このスパリゾートハワイアンズだがどこにあるかご存知だろうか？　福島県いわき市、私が5月から毎月取材している被災地である。しかし被災地報道で「いわき市」を見たことがあるだろうか？　原発関連ならあるかもしれないが、「いわき市」の津波被災地報道を見たことがあるだろうか？　津波被災地で思いつく地名と言えば、石巻、南三陸、気仙沼、陸前高田、大船渡といった名前ではないか。上記の地名に比べて、いわきという地名を聞くことはほとんどない。まして勿来、薄磯、豊間、四ツ倉、久之浜といった地名を、報道で聞くことは皆無だろう。

今回の被災地報道では、宮城・岩手＝津波、福島＝原発というカテゴライズが行われた。だから、かわいそうな津波被災地は宮城や岩手ばかりでそこにボランティアやメディアが集まり、放射能＝原発＝福島は、ボランティアもメディアも近づきたがらない、といった構図ができあがった。それでも福島をメディアが取り上げるとするなら、津波被災地の福島ではなく、原発事故の福島でしかない。

この半年間、これだけ偏った報道がされてきたにもかかわらず、いわき市の津波被災地をテレビで報道しているなんてほとんど見たことないのにもかかわらず、フラガール復活となれば、連日テレビが飛びついて報道するのである。あれだけ報道されると、「フクシマ」＝「危険」というイメージがあっても、フラガールは見に行ってみたいと思う人は大勢いるのではないか。それだけ「被災地」にとって、メディアに注目されることは重要だ。注目されれば人が来て、現地の実態を知り、金が落ち、復興へとつながっていくからだ。

いわき市の中で原発に最も近い、北端にある津波被災地の久之浜は、ほとんどメディアで取り上げられることはない。だからこそ「久之浜を知ってほしい」「見捨てないでほしい」という強烈な思いから、津波被災地で花火大会を開催したり、取り壊し予定の家に花の絵を描くといった思いきったパフォーマンスを行い、いろんな人に注目してもらおうと、地元若者たちが必死に努力して活動をしている。賛否両論はあるが、そのぐらい際立ったことをしないとメディアに注目されないまま忘れ去られてしまうのだ。

今回の東日本大震災はあまりに広範囲で被災地が多かったために、大手メディアからこぼれてしまう被災地が多く、支援格差が生まれたのも大きな問題の1つだ。でも大手メディアに文句を言っていても仕方がない。むしろ彼らをうまく利用すれば、知られていない被災地に支援が集まる可能性もある。

そのような意味で、メディア受けするビジュアルとストーリーがあるスパリゾートハワイアンズは、いわき市では内陸にあり、津波被災地でないにもかかわらず、メディアに連日取り上げられ注目されるのである。被災地が復興するには、メディアが取り上げやすい、ビジュアル的にユニークなものがあるとよい。フラガールという美しいビジュアルもあり、踊りがあるので動きもあり、かつ音楽もあるのでテレビで取り上げやすく、国民受けしやすい。

年間150万人もの人が訪れるという一大レジャー地となったスパリゾートハワイアンズだが、誕生したのは地域衰退の危機を防ぐ苦肉の策が発端だった。

いわき市は炭鉱で潤っていた町だったが、石炭から石油へ急速にエネルギーがシフトしていったため、炭鉱で繁栄した町は急速に不況になった。炭鉱産業がなくなり、多くの失業者を生み出し、町として大きな問題を抱えることになった。炭鉱衰退でこのまま行けば倒産してしまう。そこで炭鉱業から温泉を利用した、一大スパリゾート業へと大きくビジネスモデルを転換し、見事に成功を収めたのがこのスパリゾートハワイアンズだ。ここで大きなポイントは、単に温泉施設のハコモノだけで終わらせなかったことだ。全国にあるテーマパークや、景気対策と称したハコモノがことごとく失敗するのは、建物を作ればそれでうまくいくという、とんでもない勘違いをしていることだ。もしスパリゾートハワイアンズが、単なる大きな温泉施設だけだとしたら、とっくの昔に潰れていただろうし、潰れなかったとしても、こうしてメディアに取り上げられることはなかっただろう。温泉施設などわざわざ福島に行かなくても日本全国どこでもあるし、ここより素晴らしい施設はいくらでも後から作れるからだ。

しかしここが注目されるのは、施設というハードより、フラガールのショーというソフト部分が大きい。このソフトがあるからこそ観光客が多いのだろうし、メディアからも取り上げられる。他の場所とは違う特徴があるから人を惹きつけられ、だからこそ事業としても成功する。

今回被災した地域の中には、もともと過疎化や人口減少が深刻だった場所も多い。そこを単に元に戻しましょうでは未来がない。産業がなければ町は活性化できない。また福島では放射能問題があるため、これまでの産業を行えない地域も多い。

だからこそフラガールモデルが参考になる。炭鉱で立ち行かなくなったのを機に、温泉施設とフラガールショーを生み出したことで、本来ならとっくの昔に廃れる町が再び蘇り、新たなビジネスを生んで町を支えてきた。難しいとは思うが、現代のフラガールのようなものを被災地域が生み出せれば、今後も長期的に町が発展できる。震災はその「チャンス」でもある。

今まで通りではやがて廃れてしまう。今まで通りにできない地域もある。今まで通りのやり方にしがみつくのではなく、炭鉱業から観光業に変わったフラガールを見習い、被災地それぞれの新たな復興と再生が必要ではないか。

町の衰退を安易な原発に頼った福島の自治体がどうなったか、今回のことで明白になった。楽して儲ける魔法の箱などない。過去の産業にしがみついても仕方がない。今回の震災で新たな「フラガール物語」が生まれれば、これからも発展し、人が集う町になる。そこで必要なのは金じゃない。自分たちの頭で考える知恵だと思う。

9　寄付より融資・投資・消費――金融的モノの見方で支援を考える

「かさこさんはなぜボランティアに厳しいのか？　自立支援や自己責任じゃなくても支援している行動だけで十分立派じゃないのか？」とある人から言われて、私はすごくギャップを感じていた。

私はボランティアに対して厳しくなんかない。むしろなぜこんなにも目先の感情論でしか考えられない、短期的思考の温情・自己満足ボランティアがいるのだろうかと不思議に思っていた。ボランティアでも自立支援を考えている方が、こんなことを言っていたのが興味深かった。

「私は自営で商売をしているから、余計なことしたらダメだとか自立支援が大事とかがわかる。でもそうじゃない人は、自立支援という意味がわからないのかもしれない」

なるほど、確かに商売を自分でしているかしていないかというのは、感覚の大きな違いかもしれない。あとなぜ私が自立支援にこだわる意見を再三述べているのだろうと考えた時、3つの要因が浮かんだ。①サラ金で働いた経験があり、物や金をあげてしまうことで人間が堕落してしまう怖さを見ているから。②普段、金融機関や経営コンサルタントなどを取材することが多く、リスクに見合ったリターンがあるのか、人・物・金をそこに注ぎ込んで再生できる見込みがあるのかどうかを、一般の人よりシビアに考える業界に身を置いていて、それが当たり前だと思っているから。③海外で子供たちにお金や物をせがまれ、あげてしまうと大変なことになるのを知っているから。

自立支援論に対して批判的な人は、金融的な人や物の見方がまったくない。極論すれば性善説か性悪説か。金融は徹底した性悪説に基づいている。最悪の事態を想定する。甘い言葉には騙されない。人間の醜い部分までもよくわかっている。だから金融的な見方が身についている人は、いつまでもなんでもかんでも無償であげてしまうのではなく、自立してお金を稼いでお金を返してもらえるぐらいになるよう、生きた資金を融資・投資する。お金や物を渡した被災者に責任感や自発心を持たせ、依存させないようにする。でないと、またお金や物資の無心に来てしまうからだ。

またそこにお金や物資や人を投入するなら、シビアな言い方だが復興できる見込みのある土地には支援するが、復興できる見込みのない土地にはムダだからしないという割り切りも必要だ。下手な同情心で、元から過疎化していた地域や放射能汚染がひどい地域に、人・物・金を注ぎ込んだりはしない。なぜならムダになってしまうからだ。そんなムダ金使う暇があったら、復興できる見込みのあるところに資金を注ぎ込む。それが再生・復興であり活性化につながる。

サラ金で働いていた時、いかに人が物欲や金欲によって人生を狂わせてしまうか、特に「濡れ手で粟」＝何も苦労せずにお金を儲けてしまうと、多くの場合人生を狂わせてしまうケースを何度も見ている。だからなんでもかんでも「あげる」というのは、やっぱり根本的にどこかで違うし、道を誤らせることになると思っている。

義援金などでそこそこの思わぬ収入が入ってきてしまうと、職探しよりまだお金に余裕があるからと、パチンコ屋に行ってしまう人も中には出てきてしまう。気持ちはわからないでもないし、家もなくし職もなくし、震災から数ヵ月で別の職を見つける気にもなれず、つい遊んで気を紛らわしたいというのはやむを得ない部分もある。

でも結局、お金をただバラまけば、復興とか自立どころか堕落し、被災者が立ち直るきっかけを潰してしまうこともある。ある被災者は「東電から原発の賠償金の一時金が入ったから、仮にガレキ処理の有償ボランティアなんかあったとしても、そんな面倒な仕事、誰も地元の人はしないだろう。お金もあるし」と言っていた。

リーマンショックが起きた時の2兆円をバラまいた世紀の愚策、自公政権の定額給付金も同じ、民主党の子ども手当ても同じ面があるのではないか。「それって親のパチンコ代に消えるだけじゃないの？　金配るんだったら給食代無料にするとか、そういう方がいいんじゃないの？」と。

金も物もただで簡単にもらえてしまうと、人は働く意欲をなくす。ましてや「こんなにひどい大震災があったのだから、もらって当然」という意識があればなおのこと、ボランティアに言えばもらえるんだから、働かなくてもいいだろうという話になりかねない。

先日、海外の貧しい人たちを支援する活動を紹介するセミナーに参加したが、そこでは無償支援はせず、融資・投資が基本だった。

「寄付やボランティアではなく、融資や投資でお金を返してもらうことが、支援する海外の人たちの自立も促す。なんでもかんでもあげたらかえって自立できなくなる。魚をあげるのではなく、魚のとり方を教えて、とる道具を貸してあげることが本当の支援になる」

貧困から脱出させる手段として、寄付ではなく今はマイクロファイナンスが主流になっている。お金をあげてしまうのではない。返してもらう。お金をただあげてしまうのではなく、働く道具の購入資金にあてる。あげたお金でパチンコに行ってしまうことがないように。

もちろん、自然災害で損害を被った方と、海外で貧困の方を支援するのとはまったく性質も意味も違う。金融機関が企業に融資するのと被災地に資金を回すのとはまったく意味が違う。

でも人間の弱さや醜さやずるさ、ラクな方に流れてしまい無気力になってしまうなど、そういった場面を何度も見てきた上で金融的な視点にたつと、被災者すべてを一律に「接待するお客様」扱いすると自立支援を阻害しかねないことは当然の結果といえる。

被災地はキレイ事や同情心だけでは復興なんかできない。本当に貧しい人や高齢者で何も動けないという人ならともかく、そうでない人にただ金や物をあげるのではなく、何か自ら行動するきっかけを与えるような支援が望ましい。

支援する人が共倒れしてしまわないよう、寄付ではなく融資や投資。または消費。金融的なものの見方で人や土地を見ないと、本当の意味での被災地の復興はいつまでたってもできないだろう。

本当に親しい家族や友人・知人なら、何でも言うことは聞かず、甘やかさず、仮に彼らにとって耳が痛いことでも、苦言を呈したり、厳しいことを言ったりするのではないか。震災直後の無償支援はともかく、震災から月日が経った今、何でも言うことを聞いてあげる「ボランティア」ではなく、長期的に見て被災者が自立できるよう、アドバイスする「親しい友人」になるべきではないか。

タダほど怖いものはない。金や物は人を狂わせる。金融的なモノの見方を取り入れて、シビアに真摯に長いつきあいをしていくことが、お互いのためになるんじゃないかと思う。それが被災地の復興であり、衰退する日本の復興にもつながるだろう。

あとがき――3・11を教訓にし、日本が変わる契機に

日本は変わった。2011年3月11日の東日本大震災でそう感じた人は多いのではないか。目先の便利さや利益より、長期的な安心・安全がいかに大事か。儲けるために多少いい加減なことを許容してしまう事業ではなく、社会に貢献する事業や仕事こそが大事だと。

しかし時が経つにつれ、変わろうという機運がやや薄らぎ、むしろ今までのやり方を守ろうとする勢力が盛り返しているように思う。結果、これだけの大災害が起き、しかも今後も大地震・大津波・大噴火がいつ起きてもおかしくないのにもかかわらず、またもとに戻そうという圧力が高まっているように感じる。

被災地で起きていることは日本の縮図だった。被災地報道といえば、いかに悲惨かという映像と、その後の被災地美談ばかりが取り上げられがちだが、何度も被災地取材に行くとそこに見えてきたのは美談なのではなく、むしろ人間の剥き出しの感情が入り乱れる混乱だった。

この震災をどう捉えるか。その温度差があまりに大きい。本来なら震災という国難を契機に日本が一つにまとまって、衰退する今の社会構造を大変革すべきにもかかわらず、温度差が邪魔して、むしろあちこちで対立や歪みが起こっていた。

こうした社会の膿ともいうべきものが、被災地取材を通して本書に凝縮されている。膿を徹底的に出し、これまでの何が問題なのかを目をそらさずに見つめ直すきっかけとなっていただけれ

ば幸いだ。
東日本大震災が起きなくても、日本は少子高齢化と人口減少で衰退の一途をたどることは目に見えていた。それを消費税増税と国債乱発だけではもはや解決できない。日本が今後どんな自然災害にあっても、国家や国民が永続できるよう、東日本大震災で起きた出来事を教訓に、一時の感情論に流されず、長期的に安心・安全な社会像を作るべきではないか。
本書が、被災地で起きた「裏側」にも目を向け、真の被災地復興・日本復興を遂げる端緒になればと思う。

日本は変わった。あなたは変わった？

一人でも多くの人が「変わること」が、1000年に1度の複合災害を乗り越え、日本再生のスタートラインに立つ必要条件だと考えている。

２０１２年2月20日

笠虎　崇

笠虎 崇（かさこ たか）

年間８万枚の撮影、年間60万字の執筆をこなす、写真も撮影できるライター＝カメライター（ライター＆カメラマン）。ネット上では「かさこ」のペンネームで活動。世界各国、日本各地を飛び回り、取材・撮影を行う。これまで写真集11冊、ノンフィクション５冊の著書。『工場地帯・コンビナート』（グラフィック社）『サラ金全滅』（共栄書房）など。2000年にホームページ「かさこワールド」を立ち上げ、ブログを毎日更新。

1975年生まれ、横浜在住。1997年中央大学法学部卒業後、サラ金大手アイフルに就職。不動産担保ローン部門に勤務２年間で約10億円融資するトップセールスマンとして活躍。1999年退職後、４ヵ月、アジアを放浪。帰国後、編集・ライター・カメラマンに転身した異色の経歴を持つ。

●連絡先
kasakotaka@hotmail.com
●ホームページ
http://www.kasako.com/
●ブログ
http://kasakoblog.exblog.jp/
●ツイッター
http://twitter.com/kasakoworld
●フェイスブック
http://www.facebook.com/kasakotaka

検証・新ボランティア元年——被災地のリアルとボランティアの功罪

2012年3月11日　　初版第１刷発行

著者 ——笠虎　崇
発行者 —平田　勝
発行 ——共栄書房
〒101-0065　東京都千代田区西神田2-5-11 出版輸送ビル２F
電話　03-3234-6948
FAX　03-3239-8272
E-mail　master@kyoeishobo.net
URL　http://www.kyoeishobo.net
振替　00130-4-118277
装幀 ——佐々木正見
印刷・製本 —株式会社シナノ

ISBN978-4-7634-1047-4　C0036